El libro de cocina decadente de la Selva Negra

Descubra los Ricos Sabores y los Ingredientes Únicos de la Selva Negra, con 100 Deliciosas Recetas para Cada Ocasión

Ana Ferrer

Copyright Material © 2023

Reservados todos los derechos

Ninguna parte de este libro se puede usar o transmitir de ninguna forma o por ningún medio sin el debido consentimiento por escrito del editor y del propietario de los derechos de autor, a excepción de las breves citas utilizadas en una reseña. Este libro no debe considerarse un sustituto del asesoramiento médico, legal o profesional.

TABLA DE CONTENIDO

TABLA DE CONTENIDO 3
INTRODUCCIÓN 7
DESAYUNO 8
   1. Crepes selva negra 9
   2. Café de la Selva Negra 11
   3. Moca bosque negro helado 13
   4. Biscotti de la Selva Negra 15
   5. Rosquillas de la Selva Negra 18
   6. Tostadas francesas de la Selva Negra 22
   7. Chocolate caliente de la Selva Negra 25
   8. Bollos de chocolate de la Selva Negra 27
   9. Avena tibia de la Selva Negra 30
   10. Gofres de la Selva Negra 32
   11. Tortitas de la Selva Negra 35
   12. Tazón de batido de la Selva Negra 37
   13. Tazón de desayuno de la Selva Negra 39
   14. Barras de desayuno de la Selva Negra 41
   15. Bagel de la Selva Negra 43
   16. Galletas Selva Negra 45
   17. Batido de la Selva Negra 47
   18. Granola Selva Negra 49
   19. Avena nocturna de la Selva Negra 51
   20. Batido de proteínas de la Selva Negra 53
   21. Batido de la selva negra 55
APERITIVOS 57
   22. Barras de la selva negra 58
   23. Barras de cereza de la Selva Negra 60

24. Pastelitos de queso de la selva negra 62
25. Pizza selva negra.. 64
26. Hojaldres de crema de la Selva Negra 66
27. Bocaditos de brownie de la Selva Negra 69
28. Golosinas crujientes de arroz y vino de la Selva Negra.................... 71
29. Bolas de energía de la Selva Negra 73
30. Mezcla de frutos secos de la Selva Negra 75
31. Galletas de la Selva Negra 77
32. Golosinas crujientes de arroz con vino de la Selva Negra 80
33. Bomba de café de la Selva Negra 82
34. Gotas de avena de la Selva Negra 84
35. Amaretto Cannoli 86
36. Cannoli a la siciliana 89
37. pastel de cannoli.. 92
38. Cannoli de cerezas glaseadas 94
39. Cannoli de la Selva Negra... 97

RED ELÉCTRICA 100

40. Tarta De Gruyere Y Jamón De La Selva Negra.............................. 101
41. Risotto de champiñones de la Selva Negra..................................... 103
42. Estofado de ternera de la Selva Negra 105
43. Pollo Alfredo Selva Negra... 107
44. Hamburguesa Selva Negra 109
45. Albóndigas de la Selva Negra... 111
46. Pizza Selva Negra 113
47. Pastel de pastor de la Selva Negra.. 115
48. Goulash de la Selva Negra 117
49. Pasta Selva Negra.. 119
50. Quiche de jamón y queso de la Selva Negra 121
51. Solomillo De Cerdo De La Selva Negra 123

52. Pollo Selva Negra ... 125
53. Ensalada de pollo de la Selva Negra ... 127

POSTRE ... 129

54. Pastel de brownie de la Selva Negra ... 130
55. Bizcocho selva negra ... 133
56. Tarta Selva Negra ... 135
57. Parfait de la selva negra ... 138
58. Helado de pastel de la Selva Negra ... 140
59. Soufflé de la selva negra ... 143
60. Bagatela de la Selva Negra ... 145
61. Tiramisú de la Selva Negra ... 148
62. Pudín de chía con frutas de la Selva Negra ... 151
63. Mousse de selva negra ... 153
64. Cannoli de la Selva Negra ... 155
65. Tarta Selva Negra ... 158
66. Tarta Selva Negra ... 160
67. Sundaes de la Selva Negra con brownies ... 162
68. Abedul de la Selva Negra ... 165
69. Pavlova de la Selva Negra ... 167
70. Zapatero de la Selva Negra ... 169
71. Dulce de azúcar de la Selva Negra ... 171
72. Zuccoto de la Selva Negra ... 173
73. Postre de corteza de Oreo ... 175
74. Selva Negra Boule-de-Neige ... 178
75. Semifrío Selva Negra ... 181
76. Parfaits de crema de chocolate con cerezas Oreo ... 184
77. Mousse de cereza ... 186
78. Tarta helada de chocolate y cerezas ... 188
79. Ron tiramisú ... 191

80. Tiramisú de cerezas 193

81. Panna Cotta italiana con chocolate negro Lindt 195

CÓCTELES Y MOCKTAILS 197

82. Cóctel de la Selva Negra con bourbon................................. 198

83. Martini de la Selva Negra 200

84. Batido de Boba de la Selva Negra.. 202

85. Selva Negra pasada de moda.. 204

86. Margarita de la Selva Negra.. 206

87. Sangría de la Selva Negra 208

88. Negroni de la Selva Negra 210

89. Bosque Negro de Manhattan 212

90. Fizz de la Selva Negra 214

91. Selva Negra Agria 216

92. Golpe en la Selva Negra 218

93. Cosmos de la Selva Negra 220

94. Mula de la Selva Negra... 222

95. Ponche de la Selva Negra 224

96. Volteo de la Selva Negra 226

97. Daiquirí de la Selva Negra 228

98. Sidecar de la Selva Negra... 230

99. Destornillador de la Selva Negra... 232

100. Cóctel sin alcohol de la Selva Negra 234

CONCLUSIÓN 236

INTRODUCCIÓN

La Selva Negra es una región en el suroeste de Alemania conocida por sus densos bosques, lagos cristalinos y pueblos pintorescos. Pero quizás lo más famoso es que es el lugar de nacimiento del delicioso pastel Selva Negra un postre decadente hecho con capas de pastel de chocolate, crema batida y cerezas.

En este libro de cocina, celebraremos los sabores de la Selva Negra con 100 deliciosas recetas inspiradas en este clásico postre alemán. Desde ricos pasteles de chocolate hasta pasteles rellenos de cerezas, tenemos algo para todos los golosos.

También exploraremos los ingredientes únicos que hacen que la región de la Selva Negra sea tan especial, como el kirsch (brandy de cereza), el jamón de la Selva Negra y la Schwarzwälder Kirschtorte (pastel de cereza de la Selva Negra). Con nuestras recetas fáciles de seguir y consejos de cocina, podrá recrear los sabores de la Selva Negra en su propia cocina.

Entonces, ya sea que sea un fanático del clásico pastel Selva Negra o simplemente esté buscando ideas nuevas y deliciosas para postres, este libro de cocina es para usted.

DESAYUNO

1. <u>crepes selva negra</u>

Rinde: 18 porciones

INGREDIENTES:
- crepes de chocolate
- Kirsch o jerez (opcional)
- 19 onzas de relleno de pastel de cereza
- ¼ taza de azúcar granulada
- ⅛ cucharadita de nuez moscada
- Crema batida

INSTRUCCIONES:
a) Espolvorea las crepes con kirsch o jerez.
b) Mezcle el relleno de pastel de cereza, el azúcar y la nuez moscada.
c) Coloque unas 2 cucharadas cerca de un lado de la crepe. Rollo.
d) Permita 2 por porción. Poner en un plato con el borde hacia abajo.
e) Cubra con crema batida.

2. <u>Café de la Selva Negra</u>

INGREDIENTES:
- 6 onzas de café recién hecho
- 2 cucharadas de sirope de chocolate
- 1 cucharada de jugo de cereza marrasquino
- Crema batida
- chocolate raspado
- Cerezas marrasquino

INSTRUCCIONES:

a) Combine el café, el jarabe de chocolate y el jugo de cereza en una taza. Mezclar bien.

b) Cubra con virutas de chocolate con crema batida y cereza o 2.

3. <u>Moca bosque negro helado</u>

Hace: 1 porción

INGREDIENTES:
- 4 cucharadas de espresso
- Hielo
- 1 cucharada de sirope de chocolate
- 1 cucharada de jarabe de cereza
- ½ cucharada de sirope de coco
- 16 cucharadas de leche fría
- Crema batida; para cubrir
- chocolate raspado; para cubrir
- 1 cereza; para Decorar

INSTRUCCIONES:
a) Vierta el espresso en un vaso de 12 onzas lleno de hielo.
b) Agregue los jarabes y la leche y revuelva.
c) Cubra con una generosa cucharada de crema batida y chocolate rallado, y adorne con una cereza.

4. Galletas Selva Negra

Rinde: 36 galletas

INGREDIENTES:
- ¼ taza de mantequilla sin sal ablandada.
- ¾ taza de azúcar blanca granulada
- 1 cucharadita de polvo de hornear
- ½ cucharadita de bicarbonato de sodio
- ¼ de cucharadita de sal
- 3 huevos grandes
- ½ cucharadita de extracto de vainilla
- ⅓ taza de mezcla de cobertura para postres en polvo
- 2 tazas de harina para todo uso
- ⅓ taza de almendras fileteadas
- ⅓ taza mini chips de chocolate semidulce
- ½ taza de cerezas secas

LAVADO DE HUEVO
- 1 huevo
- 1 cucharada de agua

INSTRUCCIONES:
a) Usando una batidora eléctrica, bata la mantequilla en un tazón grande durante 30 segundos. Agregue azúcar, polvo de hornear, bicarbonato de sodio y sal: bata hasta que se combinen. Batir los 3 huevos y la vainilla. Mezcle la harina y el látigo de ensueño en un recipiente aparte.

b) Agregue la mayor cantidad posible de mezcla de harina/Dream Whip a la mezcla de mantequilla con la batidora de mano. Agregue la harina restante con una cuchara de madera. Agregue las almendras, las chispas de chocolate y las cerezas secas. Cubra y refrigere por 2 horas o hasta que la masa sea fácil de manejar.

c) Precalentar el horno a 350 grados. Divide la masa por la mitad. Forme cada mitad en troncos de 12 pulgadas de aproximadamente 1 ½ pulgadas de grosor. Coloque los troncos a 3 pulgadas de distancia en una bandeja para hornear galletas ligeramente engrasada. Aplane cada tronco en un pan de ¾ de pulgada.

LAVADO DE HUEVO

d) Combine 1 huevo y 1 cucharada de agua para hacer un lavado de huevo. Cepille la mezcla de huevo sobre los panes.

e) Hornee los troncos en el horno precalentado durante 25-30 minutos o hasta que estén ligeramente dorados. Deje enfriar en una bandeja para hornear durante 1 hora o hasta que esté completamente frío.

f) Cuando los panes estén fríos, precaliente el horno a 325 grados F. Transfiera los panes a una tabla de cortar. Corta cada pan en diagonal en rebanadas de ½ pulgada de grosor.

g) Coloque rebanadas y corte los lados hacia abajo en la bandeja para hornear galletas. Llevar al horno precalentado por 8 minutos. Retire del horno, voltee suavemente las rebanadas y hornee por 5 minutos o hasta que los biscotti estén secos y crujientes.

h) Transfiera las galletas a las rejillas y enfríe.

5. Rosquillas de la Selva Negra

Hace: 10

INGREDIENTES:
PARA LA MASA DE DONS
- 250 g de harina de pan blanca fuerte
- 50 g de azúcar en polvo más 100 g para espolvorear
- 5g de levadura seca
- 2 huevos
- 60 g de mantequilla salada, derretida
- 2 litros de aceite de girasol

PARA EL LLENADO
- 200 g de mermelada de cereza
- 100 ml de nata doble, batida

PARA EL GLASEADO
- 100 g de azúcar glas, tamizada
- 2 cucharadas de cacao en polvo, tamizado
- 50 g de chocolate puro
- cerezas frescas (opcional)

INSTRUCCIONES:

a) Coloque la harina, el azúcar, la levadura, los huevos y 125 ml de agua tibia en una batidora con un gancho para masa o paleta y mezcle durante 5 minutos hasta que la masa esté muy suave.

b) Deje que la masa descanse durante uno o dos minutos en la batidora o en el tazón mientras derrite la mantequilla, luego vuelva a encender la batidora y agregue suavemente la mantequilla derretida en un chorro fino. Mezcle bien durante otros 5 minutos hasta que la masa esté brillante, suave y elástica y se despegue de los lados del tazón. Nuevamente, esto se puede hacer a mano amasando la mantequilla en la masa.

c) Cubra el recipiente con film transparente y déjelo reposar en un lugar cálido durante 30 minutos hasta que duplique su tamaño. Una vez probada, retire la masa del recipiente y colóquela sobre una superficie ligeramente enharinada y amase durante 2 minutos. Vuelva a colocar la masa en el recipiente y cúbrala con film transparente, luego enfríe en el refrigerador durante la noche.

d) Al día siguiente, saca la masa del frigorífico y córtala en 10 trozos iguales, amasando un poco cada uno y dándole forma de círculos. Coloque en una bandeja para hornear ligeramente enharinada, bien espaciada, luego cubra nuevamente con una película adhesiva ligeramente engrasada y reserve en un lugar cálido para levar durante 1-2 horas. hasta que casi duplique su tamaño.

e) Vierta el aceite en una cacerola grande hasta que esté medio llena, luego caliéntela a 170 °C con un termómetro, o cuando un pequeño trozo de pan adquiera un color dorado pálido en 30 segundos.

f) Ponga los 100 g de azúcar en polvo en un recipiente listo para espolvorear, luego coloque cuidadosamente las donas en el aceite caliente con una espumadera en grupos de 2-3 y fríalas durante 2 minutos por cada lado hasta que estén doradas. Retire con una cuchara ranurada y colóquelo directamente en el tazón de azúcar, revolviendo para cubrir, luego colóquelo en una rejilla para enfriar.

g) Mientras las donas se enfrían, coloque la mermelada de cereza en una manga pastelera y la crema batida en la otra y corte un agujero de 1 cm al final de cada bolsa.

h) Tome una rosquilla enfriada y haga una pequeña incisión con un cuchillo afilado en un lado, hasta el centro de la rosquilla. Ahora tome una cucharadita e insértela en el orificio hasta que la taza de la cuchara llegue al centro, luego gire la cucharadita 360 grados y saque el centro de la masa; desechar.

i) Tome la manga pastelera de mermelada y vierta aproximadamente 1 cucharada de mermelada en el centro, luego haga lo mismo con la crema, asegurándose de que las donas estén gordas y llenas de relleno. Vuelva a colocarlos en la rejilla de enfriamiento.

j) Ponga los ingredientes del glaseado en un tazón pequeño con 2-3 cucharadas de agua y mezcle bien hasta que el glaseado esté espeso y brillante y cubra la parte de atrás de una cucharadita. Rocíe cada dona con 1 cucharada de glaseado en forma de zigzag apretado.

k) Luego, con un pelador de papas, raspa finas virutas de chocolate del costado de la barra en un plato. Con una cucharadita, espolvorea las virutas sobre las donas.

l) Servir con cerezas frescas.

6. Tostadas francesas de la Selva Negra

Hace: 1 porción

INGREDIENTES:
- 2 rebanadas de pan jalá, rebanadas gruesas
- 2 huevos
- 2 - 3 cucharadas mitad y mitad, o leche
- 4 - 6 cucharadas de azúcar
- 2 - 3 cucharadas de cacao Hershey, sin azúcar aprox.
- 1 cucharadita de vainilla
- 1 cucharadita de canela, molida
- 1 pizca de sal
- 2 - 3 cucharadas de queso crema o queso crema batido

COBERTURA PARA TOSTADA FRANCESA
- 1 botella de jarabe de chocolate negro especial de Hershey
- 1 bote de confitura de guindas o mermelada de guindas
- 1 bote de griottines (cerezas al kirsch)
- 1 lata de crema batida
- ¼ taza de chispas de chocolate semidulce

INSTRUCCIONES:
a) Obtenga un tazón bastante grande para preparar una mezcla para mojar las tostadas.
b) Agregue su huevo y bátalos. Luego agregue mitad y mitad, vainilla, canela, stevia y cacao de Hershey.
c) Bate todos estos juntos. Se necesitará un poco de batido para incorporar el chocolate, pero lo hará después de unos minutos.
d) Precaliente el horno a 350 o use un horno tostador.
e) Caliente el aceite o la mantequilla en una sartén.
f) Ahora tome una rebanada de pan y sumérjala en la mezcla para saturar, voltéela y saque el otro lado también. Repita para la otra rebanada.
g) Sacuda el exceso y colóquelo en una sartén para cocinar. Cocine hasta que ambos lados estén dorados y crujientes.
h) Coloque una rebanada de pan tostado en un plato y agregue generosamente un poco de queso crema y cubra con algunas chispas de chocolate.

i) Agregue su otra rebanada de pan tostado encima. Ahora, coloque sus 2 rebanadas de pan tostado en una fuente para hornear y en el horno/horno tostador durante aproximadamente 5 minutos hasta que las papas fritas se derritan. Retirar y emplatar.

j) Añade un poco de las guindas encima de la tostada con varias cucharadas del líquido dulce. Agregue su crema batida, agregue 3 o 4 Griottines y una cucharada más o menos de kirsch encima, y rocíe el jarabe de chocolate Hershey's sobre la tostada francesa.

k) Agregue algunas chispas de chocolate más... ahora está listo para comer la tostada francesa más decadente que jamás haya probado. ¡Disfruta cada bocado!

7. Chocolate caliente de la Selva Negra

Rinde: 2 porciones

INGREDIENTES:
CHOCOLATE CALIENTE:
- 1 taza de leche entera
- 2 cucharadas de azúcar granulada
- 1 ½ cucharadas de cacao en polvo sin azúcar
- 1 cucharada de jugo de cereza Amarena
- ½ cucharadita de extracto puro de vainilla
- 1/16 cucharadita de sal marina
- 1 ½ onzas de chocolate negro 72% picado

COBERTURAS:
- 4 cucharadas de crema batida espesa batida a picos suaves
- 2 cerezas Amarena
- 2 cucharaditas de rizos de chocolate negro

INSTRUCCIONES:
a) Agregue la leche, el azúcar, el cacao en polvo, el jugo de cereza, la vainilla y la sal en una cacerola pequeña a fuego medio y mezcle para combinar.
b) Una vez que hierva a fuego lento, mezcle el chocolate picado.
c) Llevar a fuego lento y cocinar hasta que espese un poco, aproximadamente 1 minuto, batiendo constantemente.
d) Vierta en 2 tazas y cubra cada una con la mitad de la crema batida, 1 cereza y 1 cucharadita de rizos de chocolate.
e) Servir inmediatamente.

8. Bollos de chocolate de la Selva Negra

Rinde: 12 - 14 rollos

INGREDIENTES:
MASA:
- 1 ½ cucharadas de levadura seca activa
- 1 ¾ tazas de leche de coco entera tibia pero no caliente
- ¾ cucharadita de sal
- 2 ½ cucharadas de aceite y más para engrasar la sartén
- ⅔ taza de azúcar
- 4 ¼ tazas de harina y más para la superficie de trabajo

RELLENO:
- 2 cucharadas de aceite de coco
- 2 ½ tazas de cerezas frescas sin hueso y cortadas por la mitad
- ½ taza de azúcar
- 1 cucharadita de extracto de vainilla
- pizca de canela opcional
- ¼ cucharadita de sal
- 1 taza de chispas de chocolate semidulce sin lácteos

FORMACIÓN DE HIELO:
- 2 tazas de azúcar en polvo
- ⅓ taza de crema de coco
- ¼ taza de cacao en polvo
- 1 cucharadita de extracto de vainilla
- pizca de sal

INSTRUCCIONES:
a) En el tazón de una batidora de pie (o un tazón grande), disuelva la levadura en la leche y deje reposar durante unos 5 minutos hasta que burbujee. Agregue el azúcar, el aceite y la sal hasta que se mezclen.
b) Agregue harina una taza a la vez hasta que la masa se una y comience a separarse de los lados del tazón.
c) Cubra el tazón con una toalla húmeda o una envoltura de plástico y colóquelo en un lugar cálido para que suba hasta que doble su tamaño.

d) Mientras tanto, haz tu relleno. Combine las cerezas, la mantequilla, la sal y el azúcar en una cacerola mediana a fuego medio-bajo.

e) Lleve la mezcla a ebullición suave, revolviendo suavemente, y cocine durante 10-12 minutos hasta que la salsa comience a espesarse lo suficiente como para cubrir el dorso de una cuchara.

f) Retire del fuego y agregue la vainilla y la canela, luego reserve. Engrase un molde de vidrio de 13x9 pulgadas y vierta unas cucharadas de la salsa de las cerezas en el molde.

g) Divida la masa por la mitad y extienda la mitad sobre una superficie ligeramente enharinada en un rectángulo, de aproximadamente ¼ de pulgada de grosor. Extienda la mitad del relleno de cereza en una capa uniforme encima y espolvoree con ½ taza de chispas de chocolate.

h) Comenzando desde el extremo corto, enróllalo hasta que tengas una especie de registro.

i) Luego, con un cuchillo afilado, córtalo en 6 (o 7 espirales si usas un molde redondo) y colócalo en el molde preparado (espiral hacia arriba). Repita con otra mitad de la masa hasta que tenga 12 rollos. Cubra las cacerolas y déjelas crecer mientras el horno se precalienta.

j) Precaliente el horno a 350 grados F (175 C). Hornee durante 30-40 minutos hasta que los bordes comiencen a dorarse. Retire la(s) fuente(s) del horno y deje que se enfríen durante unos 5 minutos antes de servir.

k) Para el glaseado, mezcle los ingredientes en un tazón mediano hasta que estén espesos y suaves. Servir encima de bollos tibios.

9. Avena Templada Selva Negra

Marcas: 2

INGREDIENTES:
- 1 taza de avena arrollada
- 2 tazas de leche de almendras sin azúcar
- 1 taza de cerezas, sin hueso y partidas por la mitad
- 1 ½ cucharada de cacao en polvo
- 3 dátiles Medjool, sin hueso (o edulcorante de elección)
- ½ cucharadita de extracto de vainilla
- 1 cucharada de semillas de chía

INSTRUCCIONES:
a) Agregue la avena, la leche y las semillas de chía a una cacerola pequeña. Llevar a ebullición baja, luego reducir el fuego a bajo-medio. Agregue las cerezas y deje hervir a fuego lento hasta que esté espeso y cremoso, aproximadamente 5 minutos.
b) Sirva caliente con otros ingredientes de su elección.

10. <u>Waffles de la Selva Negra</u>

Rinde: 16 cuadrados de gofres

INGREDIENTES
PARA LA SALSA DE CEREZAS:
- ¾ de libra de cerezas frescas
- ⅓ taza de azúcar granulada
- 2 cucharaditas de maicena

PARA LA NATA MONTADA:
- 1 taza de crema batida espesa
- ½ cucharaditas de extracto de vainilla

PARA LOS WAFFLES DE CHOCOLATE NEGRO:
- 2 tazas de harina para todo uso
- ½ taza de cacao en polvo sin azúcar
- ¼ taza (envasada) de azúcar moreno
- 2 cucharaditas de polvo de hornear
- 1 cucharadita de bicarbonato de sodio
- 1 cucharadita de sal
- 3 huevos
- 2 tazas de suero de leche
- ½ taza de aceite vegetal
- 1 cucharadita de extracto de vainilla
- 6 onzas de chocolate amargo, finamente picado

INSTRUCCIONES
a) Coloque las cerezas en rodajas y sin hueso en una cacerola mediana con el azúcar y 2 cucharadas de agua.

b) Cocine las cerezas a fuego medio hasta que estén tiernas.

c) En un tazón pequeño, combine la maicena con 2 cucharaditas de agua. Revuelva hasta que todos los grumos se hayan ido.

d) Vierta la maicena en la salsa de cerezas, batiendo continuamente.

e) Cocine a fuego lento durante otros 2-3 minutos, o hasta que la salsa se haya espesado.

f) En un tazón grande, mezcle los ingredientes secos para los waffles.

g) Crea un pozo en los ingredientes secos.

h) En un tazón mediano, mezcle la leche, el aceite, la vainilla y las yemas de huevo.

i) Vierta la mezcla en el pozo en los ingredientes secos y mezcle hasta que se combinen.

j) Derrita el chocolate y dóblelo suavemente en la masa para gofres.

k) En otro tazón, use una batidora eléctrica para batir las claras de huevo hasta que se formen picos rígidos.

l) Incorpore las claras de huevo a la masa para waffles hasta que se combinen.

m) Vierta la masa en una waflera precalentada y cocine hasta que esté crujiente.

n) En un tazón mediano, bata la crema batida espesa y el extracto de vainilla hasta que se formen picos suaves.

o) Vierta la crema batida sobre los waffles y cubra con la salsa de cereza.

11. Tortitas Selva Negra

Marcas: 2

INGREDIENTES
- 1 taza de harina
- ¼ taza de cacao en polvo sin azúcar
- ¼ de taza) de azúcar
- ½ cucharadita de levadura en polvo
- ½ cucharadita de sal
- 1 taza de leche
- 1 huevo
- 2 cucharadas de mantequilla, derretida
- 1 chorrito de kirsch (opcional)
- 2 tazas de cerezas, sin hueso y partidas por la mitad
- 2 cucharadas de azúcar
- 2 cucharaditas de maicena
- ¼ taza de agua
- ½ taza de crema para batir
- 2 cucharadas de azúcar

INSTRUCCIONES

a) Mezcle la harina, el cacao en polvo, el azúcar, el polvo de hornear y la sal en un tazón grande.

b) Mezcla la leche, el huevo, la mantequilla y el kirsch en otro tazón grande.

c) Mezclar los ingredientes húmedos con los ingredientes secos.

d) Calienta una sartén a fuego medio y derrite un toque de mantequilla en ella.

e) Vierta ¼ de taza de la mezcla en la sartén y cocine hasta que la superficie comience a burbujear y el fondo esté dorado, aproximadamente 2-3 minutos.

f) Voltee el panqueque y cocine el otro lado hasta que el fondo esté dorado, aproximadamente 1-2 minutos. Repita para la masa restante.

g) Mientras tanto, cocine a fuego lento las cerezas, el azúcar, la maicena y el agua a fuego medio hasta que la salsa espese, aproximadamente 5 minutos.

h) Montar la nata y el azúcar hasta formar picos suaves.

12. Tazón de batido de la Selva Negra

1 taza de cerezas oscuras congeladas
1/2 taza de yogur de vainilla
1/2 taza de leche de almendras
1 cucharada de cacao en polvo sin azúcar
1/2 plátano, en rodajas
1/4 taza de granola
Crema batida, para cubrir
Virutas de chocolate, para cubrir
Instrucciones: En una licuadora, combine las cerezas congeladas, el yogur, la leche de almendras y el cacao en polvo. Mezcle hasta que esté suave y cremosa. Vierta la mezcla en un tazón y cubra con rodajas de plátano, granola, crema batida y virutas de chocolate.

13. Cuenco de desayuno de la Selva Negra

1 taza de quinua cocida
1/2 taza de cerezas oscuras sin hueso y picadas
1/4 taza de chispas de chocolate pequeñas
1/4 taza de almendras rebanadas
Crema batida, para cubrir
Virutas de chocolate, para cubrir
Instrucciones: En un tazón, combine la quinua cocida, las cerezas picadas, las mini chispas de chocolate y las almendras en rodajas. Cubra con crema batida y virutas de chocolate.

14. Barras de desayuno de la Selva Negra

1 taza de avena arrollada
1/2 taza de harina para todo uso
1/2 cucharadita de polvo de hornear
1/4 cucharadita de sal
1/2 taza de mantequilla sin sal, ablandada
1/2 taza de azúcar morena envasada
1 huevo grande
1 cucharadita de extracto de vainilla
1/2 taza de cerezas oscuras sin hueso y picadas
1/2 taza de chispas de chocolate pequeñas

Instrucciones: Precaliente el horno a 350°F. Engrase un molde para hornear de 9x9 pulgadas. En un tazón mediano, mezcle los copos de avena, la harina, el polvo de hornear y la sal. En un tazón grande, bata la mantequilla y el azúcar moreno hasta que esté suave y esponjoso. Batir el huevo y el extracto de vainilla. Mezcle gradualmente los ingredientes secos hasta que estén bien combinados. Agregue las cerezas picadas y las mini chispas de chocolate. Extienda la mezcla uniformemente en el molde para hornear preparado. Hornee durante 25-30 minutos, o hasta que estén doradas. Deje enfriar antes de cortar en barras de desayuno.

15. Bagel de la Selva Negra

1 panecillo de todo
2 cucharadas de queso crema
1/2 taza de cerezas oscuras sin hueso y picadas
1/4 taza de chispas de chocolate pequeñas
Instrucciones: Tueste el bagel todo a su gusto. Extienda el queso crema sobre el bagel y cubra con cerezas picadas y mini chispas de chocolate.

16. Galletas Selva Negra

2 tazas de harina para todo uso
1 cucharada de levadura en polvo
1/2 cucharadita de bicarbonato de sodio
1/4 cucharadita de sal
1/4 taza de cacao en polvo sin azúcar
1/4 taza de azúcar granulada
1/2 taza de mantequilla sin sal, fría y en cubos
3/4 taza de suero de leche
1/2 taza de cerezas oscuras sin hueso y picadas
1/4 taza de chispas de chocolate pequeñas
Crema batida, para cubrir
Virutas de chocolate, para cubrir
Instrucciones: Precaliente el horno a 425°F. En un tazón grande, mezcle la harina, el polvo de hornear, el bicarbonato de sodio, la sal, el cacao en polvo y el azúcar granulada. Con un cortador de masa o con los dedos, corte la mantequilla en los ingredientes secos hasta que la mezcla se asemeje a migas gruesas. Agregue gradualmente el suero de leche hasta que se forme una masa. Mezcle las cerezas picadas y las mini chispas de chocolate. Volcamos la masa sobre una superficie ligeramente enharinada y amasamos brevemente. Estirar la masa a 1/2 pulgada de espesor y cortar en galletas con un cortador de galletas o un cortador de galletas. Coloque las galletas en una bandeja para hornear engrasada y hornee durante 12-15 minutos, o hasta que estén doradas. Cubra con crema batida y virutas de chocolate.

17. Batido de la Selva Negra

1 taza de leche de almendras
1/2 taza de cerezas oscuras sin hueso y picadas
1/4 taza de yogur griego natural
2 cucharadas de cacao en polvo sin azúcar
1 cucharada de miel
1/2 plátano
1/4 taza de chispas de chocolate pequeñas
Instrucciones: En una licuadora, mezcle la leche de almendras, las cerezas picadas, el yogur griego, el cacao en polvo, la miel y el plátano hasta que quede suave. Agregue las mini chispas de chocolate y pulse hasta que se rompan en pedazos pequeños. Servir inmediatamente.

18. Granola Selva Negra

3 tazas de copos de avena a la antigua
1 taza de almendras fileteadas
1/4 taza de cacao en polvo sin azúcar
1/4 cucharadita de sal
1/4 taza de aceite de coco, derretido
1/4 taza de miel
1 cucharadita de extracto de vainilla
1/2 taza de cerezas oscuras sin hueso y picadas
1/4 taza de chispas de chocolate pequeñas

Instrucciones: Precaliente el horno a 325°F. En un tazón grande, combine la avena, las almendras picadas, el cacao en polvo y la sal. En un tazón separado, mezcle el aceite de coco, la miel y el extracto de vainilla. Vierta gradualmente los ingredientes húmedos en los ingredientes secos, revolviendo hasta que estén bien combinados. Extienda la mezcla sobre una bandeja para hornear engrasada y hornee durante 25-30 minutos, revolviendo ocasionalmente, o hasta que estén doradas. Dejar enfriar. Una vez enfriado, mezcle las cerezas picadas y las mini chispas de chocolate. Almacenar en un recipiente hermético.

19. Avena de la Selva Negra

1/2 taza de copos de avena a la antigua
1/2 taza de leche de almendras
1/2 taza de cerezas oscuras sin hueso y picadas
2 cucharadas de cacao en polvo sin azúcar
1 cucharada de miel
1/4 cucharadita de extracto de vainilla
1/4 taza de chispas de chocolate pequeñas
Instrucciones: En un tazón pequeño, combine la avena, la leche de almendras, las cerezas picadas, el cacao en polvo, la miel y el extracto de vainilla. Mezclar bien. Transfiere la mezcla a un tarro de albañil o a un recipiente hermético. Cubra y refrigere durante la noche. Por la mañana, cubra con mini chispas de chocolate y cerezas picadas adicionales, si lo desea.

20. Batido de Proteínas de la Selva Negra

1 taza de leche de almendras sin azúcar
1/2 taza de cerezas oscuras sin hueso y picadas
1 cucharada de proteína de chocolate en polvo
2 cucharadas de cacao en polvo sin azúcar
1 cucharada de miel
1/4 cucharadita de extracto de vainilla
1/4 taza de chispas de chocolate pequeñas

Instrucciones: En una licuadora, mezcle la leche de almendras, las cerezas picadas, la proteína de chocolate en polvo, el cacao en polvo, la miel y el extracto de vainilla hasta que quede suave. Agregue las mini chispas de chocolate y pulse hasta que se rompan en pedazos pequeños. Servir inmediatamente.

21. batido selva negra

INGREDIENTES
PARA PREPARAR
- 1 bolsa (16 onzas) de cerezas dulces sin hueso congeladas
- 2 tazas de espinacas tiernas
- 2 cucharadas de cacao en polvo
- 1 cucharada de semillas de chía

SERVIR
- 1 taza de leche de almendras con chocolate sin azúcar
- ¾ taza de yogurt griego de vainilla al 2%
- 3 cucharaditas de jarabe de arce
- 1 cucharadita de extracto de vainilla

INSTRUCCIONES:

a) Combine las cerezas, las espinacas, el cacao en polvo y las semillas de chía en un tazón grande. Divida entre 4 bolsas ziplock para congelar. Congele hasta por un mes, hasta que esté listo para servir.

b) PARA HACER UNA PORCIÓN: Coloque el contenido de una bolsa en una licuadora y agregue ¼ de taza de leche de almendras, 3 cucharadas de yogur, ¾ de cucharadita de jarabe de arce y ¼ de cucharadita de vainilla. Mezclar hasta que esté suave. Servir inmediatamente.

APERITIVOS

22. bares selva negra

Rinde: 54 porciones

INGREDIENTES:
- 16 onzas de guindas; deshuesado
- 8 onzas de mezcla para pastel de chocolate sin azúcar;
- 2 cucharadas de AZÚCAR DE REEMPLAZO;

INSTRUCCIONES:
a) Escurra muy bien las cerezas. Combine la mezcla para pastel, las cerezas y el reemplazo de azúcar en un tazón para mezclar.
b) Revuelva para mezclar bien.
c) Extienda la masa en un molde bien engrasado de 9 pulgadas.
d) Hornee a 375 grados durante 20-25 minutos.
e) Cortar en barras de 1 X 1½.

23. Barritas de Cereza de la Selva Negra

INGREDIENTES:
- 3 latas de 21 onzas de relleno de pastel de cereza, cantidad dividida
- Paquete de 18-½ onzas. mezcla de pastel de chocolate
- ¼ c. aceite
- 3 huevos batidos
- ¼ c. brandy con sabor a cereza o jugo de cereza
- Paquete de 6 onzas. chips de chocolate semidulce
- Opcional: cobertura batida

INSTRUCCIONES:

a) Refrigere 2 latas de relleno para pastel hasta que se enfríe. Usando una batidora eléctrica a baja velocidad, mezcle la lata restante de relleno para pastel, la mezcla seca para pastel, el aceite, los huevos y el brandy o jugo de cereza hasta que estén bien mezclados.

b) Agregue las chispas de chocolate.

c) Vierta la masa en un molde para hornear de 13"x9" ligeramente engrasado. Hornee a 350 grados durante 25 a 30 minutos, hasta que un palillo esté limpio; enfriar. Antes de servir, extienda uniformemente el relleno de pastel frío sobre la parte superior.

d) Cortar en barras y servir con cobertura batida, si se desea. Sirve de 10 a 12.

24. Cupcakes de queso de la selva negra

Rinde: 18 porciones

INGREDIENTES:
- 24 barquillos de vainilla
- 16 onzas de queso crema
- 1¼ taza de azúcar
- ⅓ taza de cacao
- 2 cucharadas de harina
- 3 huevos
- 1 taza de crema agria
- ½ cucharadita de extracto de almendras
- Cobertura de crema agria de cacao
- Relleno de tarta de cerezas en lata, refrigerado
- Cupcakes de queso de la Selva Negra

INSTRUCCIONES:
a) Caliente el horno a 325 grados. Cubra los moldes para muffins con moldes para hornear laminados con papel de aluminio.
b) Coloque la oblea de vainilla en el fondo de cada uno. En un tazón grande para mezclar, bata el queso crema hasta que quede suave.
c) Agrega el azúcar, el cacao y la harina; mezclar bien
d) Agrega los huevos; Golpea bien. Agregue la crema agria y el extracto de almendras.
e) Llene cada taza preparada casi por completo con la mezcla. Hornee durante 20-25 minutos o hasta que cuaje. Retire del horno; enfriar durante 5 a 10 minutos.
f) Extienda una cucharadita colmada de crema agria de cacao en cada taza. Enfriar completamente en sartenes; refrigerar.
g) Adorne con una cucharada de relleno de pastel de cereza justo antes de servir.
h) Refrigere las sobras.

25. pizza selva negra

Rinde: 12 porciones

INGREDIENTES:
- 19⅛ onzas de mezcla para brownies; masa preparada según las instrucciones del paquete
- 8 onzas de queso crema; suavizado
- 2 cucharadas de azúcar glas
- 8 onzas de cobertura batida congelada; descongelado
- 20 onzas de relleno de pastel de cereza

INSTRUCCIONES:
a) Precaliente el horno a 350F. Extienda la masa preparada de manera uniforme sobre el fondo de un molde para pizza de 12 pulgadas que haya sido cubierto con spray antiadherente para hornear.

b) Hornea de 20 a 25 minutos, o hasta que al insertar un palillo de madera en el centro, éste salga limpio; dejar enfriar. En un tazón grande, con una batidora eléctrica a velocidad media, bata el queso crema, el azúcar glas y la cobertura batida hasta que quede suave.

c) Con un cuchillo de mesa húmedo, extienda la mezcla de manera uniforme sobre la pizza de brownie, luego vierta el relleno de pastel de cereza de manera uniforme sobre eso.

d) Cortar y servir inmediatamente, o cubrir y enfriar hasta que esté listo para servir.

26. Hojaldres de crema de la Selva Negra

Hace: 12

INGREDIENTES:
- ½ taza de leche
- ½ taza de agua
- ½ taza de mantequilla
- 1 taza de harina para todo uso
- 5 huevos
- 5 tazas de cerezas rojas ácidas congeladas, sin azúcar, sin hueso, descongeladas
- Agua
- 1 taza de azúcar
- ¼ taza de maicena
- ¼ taza de kirsch (licor de cereza negra) o jugo de naranja
- 3 gotas de colorante alimentario rojo
- 1 cucharada de vainilla
- 2 onzas de chocolate semidulce, derretido y enfriado
- 1 taza de crema para batir, batida

INSTRUCCIONES:
a) Para hojaldres de crema, en una cacerola mediana, combine la leche, el agua y la mantequilla. Llevar a ebullición. Agregue la harina para todo uso de una vez, revolviendo vigorosamente. Cocine y revuelva hasta que la mezcla forme una bola que no se separe. Retire la cacerola del fuego. Enfríe la mezcla de hojaldre de crema durante 5 minutos. Agregue los huevos, uno a la vez, batiendo con una cuchara de madera después de cada adición hasta que quede suave.
b) Deje caer la masa apilando cucharadas en una bandeja para hornear engrasada para un total de 12 bollos de crema.
c) Hornee en un horno a 400 grados F durante unos 30 minutos o hasta que estén doradas. Enfriar bocanadas sobre una rejilla. Divida las bocanadas y retire la masa blanda del interior.
d) Mientras tanto, para el relleno de cerezas, coloque las cerezas descongeladas en un colador sobre una taza medidora de 2 tazas;

escurrir las cerezas, reservando el jugo de cereza. Agregue suficiente agua al jugo de cereza reservado para hacer 2 tazas de líquido; dejar las cerezas a un lado.

e) En una cacerola grande, mezcle el azúcar y la maicena. Agregue la mezcla de jugo de cereza, el kirsch y el colorante rojo para alimentos. Cocine y revuelva a fuego medio hasta que espese y burbujee. Cocine y revuelva por 2 minutos más. Alejar del calor; agregue la vainilla y las cerezas. Cubra y refrigere durante aproximadamente 2 horas o hasta que esté completamente frío.

f) Para armar, vierta el relleno de cereza dentro de los hojaldres. Rocíe las bolitas con chocolate derretido. Servir con crema batida.

27. Bocaditos de brownie de la selva negra

Hace: 24

INGREDIENTES:
- ½ taza de mantequilla sin sal
- 3 oz de chocolate semidulce, picado
- 1 taza de azúcar granulada
- ¼ taza de cacao en polvo
- 2 huevos
- 1 cucharadita de extracto de vainilla
- ½ taza de harina para todo uso
- ½ cucharaditas de sal
- ¾ taza de relleno de pastel de cereza
- ⅓ taza de crema batida al 35 %
- 2 cucharadas de azúcar glas

INSTRUCCIONES:

a) Precaliente el horno a 350°F (180°C).

b) Engrasa un molde para muffins de 24 mini y espolvorea con cacao en polvo; dejar de lado.

c) Derrita la mantequilla y el chocolate en un recipiente resistente al calor colocado sobre agua apenas hirviendo, revolviendo ocasionalmente. Alejar del calor. Agregue el azúcar y el cacao en polvo. Enfriar un poco.

d) Revuelva los huevos en la mezcla de chocolate, uno a la vez, hasta que estén bien combinados. Agregue la vainilla. En un recipiente aparte, bata la harina y la sal hasta que se mezclen. Revuelva en la mezcla de chocolate.

e) Cucharee uniformemente en la cacerola preparada. Hornee durante 18 a 20 minutos o hasta que solo unas pocas migas húmedas se adhieran a un palillo cuando se inserten en el centro del brownie.

f) Dejar enfriar completamente en la sartén. Retire de la sartén. Cuando esté listo para servir, bata la crema y el azúcar glas con batidores eléctricos hasta que tenga picos rígidos. Cubra cada uno uniformemente con crema batida y el resto del relleno de pastel de cereza. Servir inmediatamente.

28. Delicias crujientes de arroz con vino de la Selva Negra

Rinde: 16 barras

INGREDIENTES:
- 3 cucharadas de mantequilla
- 4 tazas de mini malvaviscos
- ½ taza de vino de cereza de Pensilvania
- 5 tazas de cereal de arroz inflado
- ½ taza de cerezas secas picadas
- ¼ taza de chispas de chocolate semidulce

INSTRUCCIONES:

a) Cubra una bandeja para hornear con papel pergamino. Rocíe con aceite de cocina.

b) En una cacerola mediana a fuego medio, derrita la mantequilla. Agregue los malvaviscos y revuelva hasta que se derrita.

c) Retire del fuego y agregue el vino y el cereal. Mezcle hasta que se combine y se distribuya el malvavisco.

d) Agregue las cerezas secas y las chispas de chocolate y mezcle hasta que esté completamente incorporado. Vierta en una bandeja preparada, cubra con pergamino y enfríe. Cortar y servir.

29. Bolas de energía de la Selva Negra

Hace: 8

INGREDIENTES:
- 200 g de dátiles sin hueso
- 1 taza de almendras molidas
- ¾ taza de coco deshidratado
- ½ taza de copos de avena
- 2 cucharadas de cacao en polvo
- 2 cucharadas de aceite de coco
- 1 cucharada de jarabe de arce
- 20 g de cerezas liofilizadas enteras, desmenuzadas

INSTRUCCIONES:
a) Llevar una tetera llena a ebullición
b) Coloque los dátiles en un recipiente mediano resistente al calor y cubra con agua hirviendo. Dejar unos 10 minutos, hasta que empiece a ablandarse. Escurrir bien.
c) Combine las almendras molidas, el coco desecado, los copos de avena y el cacao en polvo en una licuadora con dátiles remojados, aceite de coco y jarabe de arce. Mezcle durante 2-3 minutos, hasta que quede suave.
d) Enrolle la mezcla en bolas del tamaño de una cucharada con las manos limpias y húmedas y colóquelas en un plato/bandeja. Metemos en la nevera durante unos 30 minutos para que se endurezca.
e) Con las manos limpias y secas, desmenuce las cerezas liofilizadas en un plato. Ruede ligeramente las bolas de energía en el crumble de cereza.

30. Mezcla de frutos secos de la Selva Negra

Rinde: 14 porciones

INGREDIENTES:
- 1 taza de chispas de chocolate amargo
- 1 taza de arándanos secos
- 1 taza de cerezas secas
- 1 taza de maní salado tostado
- 1 taza de almendras enteras saladas
- 1 taza de anacardos tostados salados enteros, no en trozos
- 1 taza de avellanas también llamadas avellanas

INSTRUCCIONES:

a) En un tazón grande, combine todos los ingredientes y revuelva hasta que se mezclen uniformemente.

b) Guarde la mezcla de frutos secos en un recipiente hermético hasta por un mes.

31. Galletas de la Selva Negra

Rinde: 18 galletas grandes

INGREDIENTES:
- 2 ¼ tazas de harina para todo uso
- ½ taza de cacao en polvo de proceso holandés
- ½ cucharadita de polvo de hornear
- ½ cucharadita de bicarbonato de sodio
- 1 cucharadita de sal
- 1 taza de mantequilla sin sal derretida y enfriada
- ¾ taza de azúcar moreno claro u oscuro
- ¾ taza de azúcar blanca granulada
- 1 cucharadita de extracto puro de vainilla
- 2 huevos grandes a temperatura ambiente
- 1 taza de chispas de chocolate blanco
- ½ taza de chispas de chocolate semidulce
- 1 taza de cerezas frescas lavadas, deshuesadas y cortadas en cuartos

INSTRUCCIONES:
a) Derrita la mantequilla en el microondas y déjela enfriar durante 10-15 minutos hasta que esté a temperatura ambiente. Prepara las cerezas y córtalas en cuartos pequeños.
b) 1 taza de mantequilla sin sal, 1 taza de cerezas frescas
c) Precaliente el horno a 350°F. Línea dos bandejas para hornear con papel pergamino. Dejar de lado.
d) En un tazón mediano, mezcle la harina, el cacao en polvo, el polvo de hornear, el bicarbonato de sodio y la sal. Dejar de lado.
e) 2 ¼ tazas de harina para todo uso, ½ taza de cacao en polvo sin azúcar, ½ cucharadita de polvo de hornear, ½ cucharadita de bicarbonato de sodio, 1 cucharadita de sal
f) En un tazón grande, agregue la mantequilla derretida, el azúcar moreno, el azúcar, la vainilla y los huevos. Use una espátula de goma para mezclar hasta que quede suave.

g) 1 taza de mantequilla sin sal, ¾ taza de azúcar moreno, ¾ taza de azúcar blanca granulada, 1 cucharadita de extracto puro de vainilla, 2 huevos grandes

h) Agregue los ingredientes secos y mezcle hasta que se combinen. Será una masa blanda. Agregue las chispas de chocolate blanco, las chispas de chocolate y las cerezas frescas.

i) 1 taza de chispas de chocolate blanco, ½ taza de chispas de chocolate semidulce, 1 taza de cerezas frescas

j) Use una cuchara para galletas grande (cuchara para galletas de 3 oz) para sacar la masa. Coloque 6 bolas de masa para galletas por bandeja para hornear galletas.

k) Hornee una bandeja para hornear galletas a la vez. Hornee durante 13-15 minutos. Mientras está caliente, cubra con chispas de chocolate extra y chispas de chocolate blanco.

l) Deje reposar la galleta en la sartén caliente durante 10 minutos. Luego, transfiéralo a una rejilla para que se enfríe.

32. Delicias crujientes de arroz con vino de la Selva Negra

Rinde: 16 barras

INGREDIENTES:
- 3 cucharadas de mantequilla
- 4 tazas de mini malvaviscos
- ½ taza de vino de cereza de Pensilvania
- 5 tazas de cereal de arroz inflado
- ½ taza de cerezas secas picadas
- ¼ taza de chispas de chocolate semidulce

INSTRUCCIONES:

a) Cubra una bandeja para hornear con papel pergamino. Rocíe con aceite de cocina.

b) En una cacerola mediana a fuego medio, derrita la mantequilla. Agregue los malvaviscos y revuelva hasta que se derrita.

c) Retire del fuego y agregue el vino y el cereal. Mezcle hasta que se combine y se distribuya el malvavisco.

d) Agregue las cerezas secas y las chispas de chocolate y mezcle hasta que esté completamente incorporado. Vierta en una bandeja preparada, cubra con pergamino y enfríe. Cortar y servir.

33. Bomba de café de la Selva Negra

Hace: 2 bombas

INGREDIENTES:
- ½ tazas de isomaltosa derretida
- 3-4 cucharaditas de café instantáneo
- 2 cucharadas de sirope de chocolate
- chocolate raspado

INSTRUCCIONES:
a) Con la base de la cuchara, empuja la isomaltosa hacia arriba por los lados del molde.
b) Congela los moldes bomba por 5 minutos.
c) Despega la silicona de los moldes después de sacarlos del congelador.
d) A cada bomba de Isomalt, agregue café instantáneo, jarabe de chocolate y chocolate rallado.
e) Caliente un plato y presione uno de los vasos Isomalt vacíos con el lado abierto hacia abajo sobre la sección plana del plato calentador.
f) Coloque este Isomalt de borde calentado encima de una de las tazas llenas de inmediato.
g) Esto unirá las dos mitades de la bomba.

34. Gotas de Avena de la Selva Negra

INGREDIENTES
GALLETA
- 1 taza de mantequilla, ablandada
- ¾ taza de azúcar
- ½ taza de azúcar morena firmemente compactada
- 2 huevos grandes
- 1 ½ cucharaditas de vainilla
- 1 ⅔ tazas de harina para todo uso
- 1 cucharadita de bicarbonato de sodio
- ¼ cucharadita de sal
- 2 tazas de avena pasada de moda cruda
- 1 ½ tazas de chispas de chocolate semidulce
- 1 taza de cerezas ácidas secas, picadas en trozos grandes

LLOVIZNA
- 2 tazas de azúcar en polvo
- 1 a 2 cucharaditas de Kirsch o jugo de manzana
- 2 a 3 cucharadas de agua

INSTRUCCIONES:
a) Caliente el horno a 350°F.

b) Combine la mantequilla, el azúcar y el azúcar moreno en un tazón. Bate a velocidad media, raspando el tazón con frecuencia, hasta que esté cremoso. Agrega los huevos y la vainilla; continúa batiendo hasta que esté bien mezclado. Agrega la harina, el bicarbonato de sodio y la sal; batir a baja velocidad hasta que esté bien mezclado. Agregue la avena, las chispas de chocolate y las cerezas.

c) Deje caer la masa por cucharaditas redondeadas, a 2 pulgadas de distancia, en bandejas para hornear galletas sin engrasar. Hornee durante 10-12 minutos o hasta que estén doradas. Enfriar completamente.

d) Mezcle el azúcar en polvo y Kirsch en un tazón. Agregue gradualmente suficiente agua para obtener la consistencia de llovizna deseada. Rocíe sobre las galletas enfriadas.

35. Cannoli De Amaretto

Rinde: 6 porciones

INGREDIENTES:
- 2¾ taza de harina para todo uso; tamizado
- 2 cucharadas de azúcar
- ¼ taza de mantequilla
- 1 huevo; vencido
- ⅔ taza de vino Marsala; o jerez o vino dulce
- 1 clara de huevo
- Aceite; para freír
- 1 libra de queso ricota
- 2 tazas de azúcar glas; tamizado
- ⅓ taza de fruta confitada; picado fino (mezclado con cerezas confitadas)
- 2 onzas de chispas de chocolate agridulce
- 2 cucharadas de Amaretto; o licor de marrasquino

INSTRUCCIONES:

a) Masa: Mezclar la harina y el azúcar y cortar en mantequilla. Agregue el huevo y el vino gradualmente y luego forme una bola con la mezcla. Amasar la masa hasta que quede suave, unos 5 minutos.
b) Cubra y deje reposar durante al menos 1 hora.
c) Relleno: Presione el queso ricotta a través de un tamiz en un tazón para mezclar. Agrega el azúcar, reservando 2 cucharadas. Agregue frutas confitadas con cerezas y chispas de chocolate. Enfríe en el refrigerador.
d) Mientras tanto, en una superficie enharinada, enrolle la masa en círculos finos como papel de aproximadamente 4 pulgadas de diámetro. Envuelva los tubos de cannoli que han sido untados con aceite de oliva. Cepille la clara de huevo en la solapa para sellar.
e) Caliente el aceite a 380 F y fría la masa. Escurrir sobre varias capas de toallas de papel. Enfríe, luego deslice con cuidado los tubos de metal. Cuando esté listo para servir, y no antes, ya que la masa se empapará, coloque el relleno a través de la boquilla más grande de una manga pastelera. Coloque varias chispas de chocolate en el relleno en cada extremo.
f) Espolvoree con el azúcar impalpable restante y sirva inmediatamente.

36. Cannoli a la siciliana

Rinde: 12 porciones

INGREDIENTES:
CONCHAS:
- 2 tazas de harina para todo uso
- 2 cucharadas de manteca
- 1 cucharadita de azúcar
- ¼ de cucharadita de sal
- ¾ taza de Vino, Marsala, Borgoña o Chablis
- Aceite vegetal

RELLENO:
- 3 tazas de ricota
- ½ taza de azúcar glass
- ¼ taza de canela
- ½ cuadrado sin azúcar
- Chocolate rallado O
- ½ cucharada de Cacao (ambos opcionales)
- ½ cucharadita de vainilla
- 3 cucharadas de cáscara de cidra, picada
- 3 cucharadas de cáscara de naranja, confitada, picada
- 6 cerezas confitadas, cortadas

INSTRUCCIONES:

a) CONCHAS: Combine la harina, la manteca, el azúcar y la sal, y humedeciendo gradualmente con vino, amase con los dedos hasta que se forme una masa o pasta bastante dura. Forme una bola, cubra con un paño y deje reposar aproximadamente 1 hora.

b) Corte la masa por la mitad y enrolle la mitad de la masa en una lámina delgada de aproximadamente ¼ de pulgada de grosor.

c) Cortar en cuadrados de 4 pulgadas. Coloque un tubo de metal en diagonal a través de cada cuadrado de un punto a otro, envolviendo la masa alrededor del tubo superponiendo los dos puntos y sellando los puntos superpuestos con un poco de clara de huevo.

d) Mientras tanto, caliente el aceite vegetal en una sartén grande y profunda para freír. Coloque uno o dos tubos a la vez en aceite caliente. Freír suavemente hasta que la masa tenga un color marrón dorado.
e) Retire de la sartén, deje enfriar y retire con cuidado la cáscara del tubo de metal.
f) Deje las conchas a un lado para que se enfríen. Repita el procedimiento hasta que todas las conchas estén hechas.
g) RELLENO: Mezcle bien la ricota con los ingredientes secos tamizados. Agrega la vainilla y la cáscara de la fruta. Mezclar y mezclar bien.
h) Enfríe en el refrigerador antes de llenar las conchas.
i) Rellene las conchas de cannoli frías; suave relleno uniformemente en cada extremo de la cáscara. Decore cada extremo con un trozo de cereza confitada y espolvoree las conchas con azúcar glas. Refrigere hasta que esté listo para servir.
j) Estos son mejores si se llenan justo antes de que llegue su compañía.
a) con cacao en polvo si se desea.

37. pastel de cannoli

Rinde: 1 porciones

INGREDIENTES:
- 1½ libras de queso ricotta
- 1½ taza de azúcar glas
- 3 cucharadas de crema espesa
- 12 cerezas, en cuartos
- 2 onzas de chocolate dulce Baker's
- 2 onzas de almendras fileteadas
- 1 base de chocolate preparada
- Chocolate dulce de panadería rallado

INSTRUCCIONES:
a) Combine el queso ricotta, el azúcar glas y la crema espesa en un tazón grande para mezclar; mezcle bien hasta que quede suave y cremoso.
b) Agrega las cerezas, 2 onzas de chocolate y las almendras; revuelva para mezclar.
c) Vierta en la corteza preparada. Decore con una pizca de chocolate rallado, si lo desea.
d) Cubrir con papel aluminio y congelar 3 horas antes de servir. (Si el pastel se vuelve sólido, deje que se ablande un poco antes de servir.

38. Cannoli de cerezas glaseadas

Rinde: 1 porciones

INGREDIENTES:
- 1 libra de harina tamizada
- ¼ cucharadita de canela
- 1 cucharada de café instantáneo en polvo
- Corteza rallada de medio limón
- 2 onzas de azúcar
- 1 huevo ligeramente batido
- 1 yema de huevo ligeramente batida
- 2 cucharadas de aceite de cocina
- ½ taza de vino semidulce
- 2 yemas adicionales; ligeramente golpeado
- Grasa para freír
- 1½ libras de ricota
- 4 onzas de azúcar glas
- 4 onzas de chocolate para beber
- 4 onzas de jerez glaseado
- 4 onzas de almendras tostadas [picadas]

INSTRUCCIONES:
a) Masa: mezcle y tamice la harina, la canela y el café en un tazón. Agregue la cáscara de limón, el azúcar, el huevo y la yema de huevo y el aceite.
b) Mezcle con la mano agregando suficiente vino para mantener los ingredientes juntos para formar una masa. desmoldar sobre una tabla enharinada y amasar hasta que quede suave y elástica unos 10 minutos. Enfríe la masa varias horas.
c) Cortar trozos de masa y estirar finamente. Recorte rectángulos de aproximadamente 3½ pulgadas por 5 pulgadas y envuélvalos alrededor de un tubo de cannoli [un tubo de metal de aproximadamente 1 pulgada de diámetro. y alrededor de 4-5 pulgadas de largo] Selle los bordes cepillándolos con las yemas de huevo restantes.

d) Freír dos o tres a la vez dejando caer el tubo envuelto en grasa caliente y profunda. hasta que estén ligeramente doradas, alrededor de un minuto.
e) Escurrir sobre papel absorbente: dejar enfriar un poco y luego sacar el montículo por un extremo.
f) Prepare el relleno batiendo la ricota hasta que quede muy suave y luego espolvoree el chocolate para beber y el azúcar glas y mezcle bien.
g) Mezclar los demás ingredientes reservando un poco de las almendras troceadas. Justo antes de servir, rellene los cannoli con el relleno de ricota y bañe las puntas en almendra tostada picada.

39. Cannoli de la Selva Negra

Hace: 8

INGREDIENTES:
PARA LOS CANOLÍES
- 2 claras de huevo grandes
- 1/3 taza de azúcar
- 1 cucharada de aceite de canola
- 1 cucharada de mantequilla, derretida
- 2 cucharaditas de extracto puro de vainilla
- 1 cucharada de cacao en polvo
- 1/3 taza de harina para todo uso

PARA LAS CEREZAS TOSTADAS
- 2 tazas de cerezas frescas, sin hueso
- 1/3 taza de azúcar
- 2 cucharaditas de maicena

PARA LA NATA MONTADA
- 1 taza de crema batida espesa fría
- 1 cucharada de kirsch
- 1 taza de azúcar en polvo

INSTRUCCIONES:
a) Precaliente el horno a 375.
b) Engrasa ligeramente dos bandejas para hornear con aceite en aerosol; dejar de lado.
c) En un tazón mediano, mezcle las claras de huevo, el azúcar, el aceite de canola, la mantequilla derretida y la vainilla. Batir hasta que esté bien combinado.
d) Agregue el cacao en polvo y la harina; continúe batiendo hasta que quede suave y no aparezcan grumos.
e) Coloque 4 montones de masa en cada bandeja para hornear, usando 3 cucharaditas de masa para cada una, con un espacio de 3 pulgadas entre las galletas.
f) Con el dorso de la cuchara, extienda cada galleta a aproximadamente 4 pulgadas de diámetro.

g) Hornee durante 6 a 7 minutos, o hasta que los bordes comiencen a dorarse.
h) Usando una espátula inclinada, afloje las galletas de la bandeja para hornear y forme un tubo. Puedes usar un utensilio redondo de metal y envolver las galletas alrededor.
i) Coloque las galletas con la costura hacia abajo y deje enfriar.
j) Mientras tanto, prepara las cerezas.
k) Precalentar el horno a 400.
l) Combine las cerezas, el azúcar y la maicena en un tazón y revuelva para mezclar.
m) Transferir a una fuente/bandeja para hornear.
n) Ase durante 40 a 45 minutos, o hasta que los jugos burbujeen, revolviendo cada 15 minutos.
o) Deje enfriar por completo y póngalo en el refrigerador hasta que esté listo para usar.
p) Prepara la Crema Batida.
q) Combine la crema batida espesa fría, Kirsch y azúcar en polvo en el tazón de su batidora.
r) Bate la mezcla hasta que se formen picos rígidos; enfríe hasta que esté listo para usar.
s) ensamblar galletas
t) Divide uniformemente las cerezas asadas y las cosas en cada caparazón de cannoli.
u) Vierta la crema batida preparada en una manga pastelera equipada con una punta de estrella y coloque el relleno en las conchas de cannoli.
v) Atender.

RED ELÉCTRICA

40. Tarta De Jamón Selva Negra Y Gruyere

1 hoja de hojaldre congelado, descongelado
1 taza de jamón Selva Negra en lonchas
1 taza de queso gruyere rallado
1/4 taza de perejil fresco picado
3 huevos
1/2 taza de crema espesa
Sal y pimienta negra al gusto
Instrucciones: Precaliente el horno a 375°F. Cubra una bandeja para hornear con papel pergamino. Desdoble la masa de hojaldre y colóquela en la bandeja para hornear preparada. Coloque el jamón rebanado sobre la masa de hojaldre, dejando un borde de 1 pulgada alrededor de los bordes. Espolvorea el queso gruyere rallado sobre el jamón. En un tazón, mezcle los huevos, la crema espesa, el perejil, la sal y la pimienta negra. Vierta la mezcla de huevo sobre el jamón y el queso. Hornee durante 25-30 minutos o hasta que la corteza esté dorada y la mezcla de huevo esté lista. Dejar enfriar unos minutos antes de cortar y servir.

41. Risotto de hongos de la selva negra

1 taza de arroz arbóreo
4 tazas de caldo de pollo o vegetales
1 taza de champiñones rebanados
1/2 taza de cebolla picada
2 dientes de ajo, picados
1/4 taza de perejil fresco picado
1/4 taza de queso parmesano rallado
1/4 taza de crema espesa
1/4 taza de jamón cocido Selva Negra picado
Sal y pimienta negra al gusto
Instrucciones: En una cacerola grande, caliente el caldo a fuego medio. En una cacerola grande separada, caliente 2 cucharadas de aceite de oliva a fuego medio. Agregue los champiñones, la cebolla y el ajo, y saltee de 5 a 7 minutos, o hasta que las verduras se ablanden. Agregue el arroz a la sartén con las verduras y revuelva para cubrir el arroz con el aceite. Vierta 1 taza del caldo caliente y revuelva hasta que se absorba el líquido. Continúe agregando el caldo, 1 taza a la vez, revolviendo hasta que el líquido se absorba antes de agregar la siguiente taza. Cocine hasta que el arroz esté tierno y cremoso, unos 20-25 minutos. Agregue el perejil picado, el queso parmesano, la crema espesa y el jamón picado. Se sazona con sal y pimienta negro al gusto.

42. Estofado de ternera de la Selva Negra

2 libras de carne de res, cortada en trozos pequeños
1/2 taza de harina
2 cucharadas de aceite de oliva
1/2 taza de cebolla picada
2 dientes de ajo, picados
2 tazas de caldo de res
1 taza de vino tinto
1 cucharada de pasta de tomate
2 hojas de laurel
1 cucharadita de tomillo seco
1 cucharadita de romero seco
1 taza de jamón cocido Selva Negra picado
1 taza de cerezas negras deshuesadas y cortadas por la mitad
Sal y pimienta negra al gusto
Instrucciones: En un tazón grande, mezcle la carne con la harina hasta que esté bien cubierta. Caliente el aceite de oliva en un horno holandés grande a fuego medio-alto. Agregue la carne y saltee hasta que se dore por todos lados, aproximadamente de 5 a 7 minutos. Retire la carne de la sartén y reserve. Agregue la cebolla y el ajo a la sartén y saltee durante 2-3 minutos, o hasta que se ablanden. Agregue el caldo de res, el vino tinto, la pasta de tomate, las hojas de laurel, el tomillo y el romero a la sartén. Revuelva bien para combinar. Regrese la carne a la sartén y hierva la mezcla. Reduzca el fuego a bajo y cocine a fuego lento, tapado, durante 1 1/2 a 2 horas, o hasta que la carne esté tierna. Agregue el jamón picado y las cerezas. Se sazona con sal y pimienta negro al gusto

43. Pollo Alfredo Selva Negra

1 libra de pasta fettuccine
2 pechugas de pollo deshuesadas y sin piel
1 cucharada de aceite de oliva
2 dientes de ajo, picados
1/2 taza de jamón cocido Selva Negra picado
1 taza de crema espesa
1/2 taza de queso parmesano rallado
1/2 taza de cerezas negras deshuesadas y cortadas por la mitad
Sal y pimienta negra al gusto
Instrucciones: Cocine los fettuccine de acuerdo con las instrucciones del paquete. Escurrir y reservar. Sazone las pechugas de pollo con sal y pimienta negra. En una sartén grande, caliente el aceite de oliva a fuego medio-alto. Agregue las pechugas de pollo y cocine de 5 a 7 minutos por lado, o hasta que estén bien cocidas. Retire el pollo de la sartén y déjelo reposar durante 5 minutos antes de cortarlo. Agregue el ajo y el jamón picado a la sartén y saltee durante 2-3 minutos, o hasta que el ajo esté fragante. Vierta la crema espesa y lleve la mezcla a fuego lento. Agregue el queso parmesano y revuelva hasta que se derrita e incorpore. Agregue el pollo en rodajas y las cerezas a la sartén y revuelva para cubrir con la salsa. Se sazona con sal y pimienta negro al gusto. Sirva el pollo y la salsa sobre los fettuccine cocidos.

44. Hamburguesa Selva Negra

1 libra de carne molida
1/4 taza de jamón cocido Selva Negra picado
1/4 taza de cebolla picada
1/4 taza de cerezas negras deshuesadas y cortadas por la mitad
2 cucharadas de salsa Worcestershire
1 cucharadita de tomillo seco
1/2 cucharadita de ajo en polvo
Sal y pimienta negra al gusto
4 panes de hamburguesa
4 rebanadas de queso suizo
4 hojas de lechuga
4 rodajas de tomate

Instrucciones: En un tazón grande, combine la carne molida, el jamón picado, la cebolla, las cerezas, la salsa Worcestershire, el tomillo, el ajo en polvo, la sal y la pimienta negra. Mezcle bien para combinar. Forme la mezcla en 4 empanadas. Caliente una parrilla o sartén a fuego medio-alto. Ase las hamburguesas durante 3-4 minutos por lado, o hasta que estén cocidas al nivel deseado de cocción. Durante el último minuto de cocción, agregue una rebanada de queso suizo a cada hamburguesa. Tostar los panes de hamburguesa en la parrilla. Arma las hamburguesas colocando una hoja de lechuga y una rodaja de tomate en el panecillo de abajo. Cubra con una hamburguesa y el bollo superior.

45. Albóndigas de la Selva Negra

1 libra de carne molida
1/2 taza de pan rallado
1/4 taza de jamón cocido Selva Negra picado
1/4 taza de cebolla picada
1/4 taza de cerezas negras deshuesadas y cortadas por la mitad
1 huevo
2 cucharadas de perejil fresco picado
Para la salsa:
2 cucharadas de mantequilla sin sal
2 cucharadas de harina para todo uso
1 taza de caldo de res
1/4 taza de crema espesa
1/4 taza de cerezas negras deshuesadas y cortadas por la mitad
Sal y pimienta negra al gusto

Instrucciones: Precaliente el horno a 375°F. En un tazón grande, combine la carne molida, el pan rallado, el jamón picado, la cebolla, las cerezas, el huevo y el perejil. Mezcle bien para combinar. Forme la mezcla en albóndigas pequeñas y colóquelas en una bandeja para hornear. Hornee durante 20-25 minutos, o hasta que esté bien cocido. En una cacerola pequeña, derrita la mantequilla a fuego medio. Agrega la harina y bate para combinar. Cocine durante 1-2 minutos, o hasta que la mezcla se dore. Agregue gradualmente el caldo de res y lleve la mezcla a fuego lento. Agregue la crema espesa y las cerezas y revuelva para combinar. Cocine durante 2-3 minutos, o hasta que la salsa espese. Se sazona con sal y pimienta negro al gusto. Sirve las albóndigas con la salsa.

46. Pizza Selva Negra

1 libra de masa para pizza
1/2 taza de salsa para pizza
1/2 taza de queso mozzarella rallado
1/4 taza de jamón cocido Selva Negra picado
1/4 taza de cerezas negras deshuesadas y cortadas por la mitad
2 cucharadas de albahaca fresca picada

Instrucciones: Precaliente el horno a 450°F. Estirar la masa de pizza sobre una superficie ligeramente enharinada. Coloque la masa en un molde para pizza o una bandeja para hornear. Extienda la salsa de pizza sobre la masa, dejando un pequeño borde alrededor de los bordes. Espolvorea el queso mozzarella rallado sobre la salsa. Esparce el jamón picado y las cerezas sobre el queso. Hornee durante 12-15 minutos, o hasta que la corteza esté dorada y el queso se derrita y burbujee. Retire del horno y espolvoree la albahaca picada sobre la parte superior de la pizza. Cortar y servir.

47. Pastel de pastor de la Selva Negra

1 libra de carne molida
1/4 taza de jamón cocido Selva Negra picado
1/4 taza de cebolla picada
1/4 taza de cerezas negras deshuesadas y cortadas por la mitad
2 cucharadas de salsa Worcestershire
Sal y pimienta negra al gusto
4 tazas de puré de papas
1/2 taza de queso cheddar rallado
Instrucciones: Precaliente el horno a 375°F. En una sartén grande, cocine la carne molida a fuego medio-alto hasta que se dore y esté bien cocida. Escurra cualquier exceso de grasa. Agregue el jamón picado, la cebolla, las cerezas, la salsa Worcestershire, la sal y la pimienta negra a la sartén. Cocine durante 2-3 minutos, o hasta que la cebolla se ablande. Transfiera la mezcla de carne a una fuente para horno. Extienda el puré de papas sobre la parte superior de la mezcla de carne, asegurándose de cubrirla por completo. Espolvorea el queso cheddar rallado sobre la parte superior de las papas. Hornee durante 25-30 minutos, o hasta que el queso se derrita y burbujee. Servir caliente.

48. Goulash de la Selva Negra

Ingredientes:

2 libras de carne de res, cortada en cubos de 1 pulgada
1 cebolla grande, picada
1 pimiento rojo picado
1 pimiento verde, picado
2 dientes de ajo, picados
2 cucharadas de pimentón
1 cucharadita de semillas de alcaravea
1 cucharadita de tomillo seco
1 cucharadita de romero seco
1 cucharadita de sal
1/2 cucharadita de pimienta negra
1 taza de caldo de res
1 taza de vino tinto seco
2 cucharadas de pasta de tomate
1/4 taza de harina para todo uso
1/4 taza de aceite vegetal
2 cucharadas de mantequilla
1 libra de fideos de huevo, cocinados según las instrucciones del paquete
Crema agria y perejil fresco picado, para servir

Direcciones:

En un tazón grande, mezcle la carne con la harina, la sal y la pimienta hasta que esté bien cubierta.
Caliente el aceite en un horno holandés grande a fuego medio-alto.
Agregue la carne y dore por todos lados, aproximadamente 5 minutos. Retire la carne y déjela a un lado.
Agregue la cebolla, los pimientos y el ajo al horno holandés y saltee hasta que estén suaves, aproximadamente 5 minutos.
Agregue el pimentón, las semillas de alcaravea, el tomillo, el romero y la pasta de tomate y cocine por 1 minuto.
Regrese la carne a la olla y agregue el caldo de carne y el vino tinto.
Llevar a fuego lento, luego reducir el fuego a bajo y tapar.
Cocine durante 2 horas, revolviendo ocasionalmente, hasta que la carne esté tierna.
Agregue la mantequilla hasta que se derrita y se combine.
Sirva el goulash sobre fideos de huevo cocidos, cubierto con una cucharada de crema agria y perejil fresco picado.

49. Pasta Selva Negra

Ingredientes:

1 libra de pasta seca, como penne o fusilli
2 cucharadas de aceite de oliva
1 cebolla grande, picada
4 dientes de ajo, picados
8 onzas de champiñones en rodajas
1 taza de jamón cocido en rodajas, picado
1 taza de crema espesa
1/2 taza de queso parmesano rallado
1/2 taza de perejil fresco picado
Sal y pimienta para probar

Direcciones:

Cocine la pasta de acuerdo a las instrucciones del paquete. Escurrir y reservar.

Mientras se cocina la pasta, caliente el aceite de oliva en una sartén grande a fuego medio. Agregue la cebolla y el ajo y saltee hasta que se ablanden, aproximadamente 5 minutos.

Agregue los champiñones y continúe salteando hasta que estén tiernos y el líquido se haya evaporado, aproximadamente 8 minutos.

Agregue el jamón y cocine durante 2-3 minutos, hasta que se caliente por completo.

Vierta la crema espesa y lleve a fuego lento. Cocine durante 2-3 minutos, hasta que la salsa se haya espesado un poco.

Agregue la pasta cocida a la sartén y revuelva para cubrir con la salsa.

Agregue el queso parmesano y el perejil. Sazone con sal y pimienta al gusto.

Sirva caliente, adornado con queso parmesano adicional y perejil si lo desea.

50. Quiche de Jamón y Queso Selva Negra

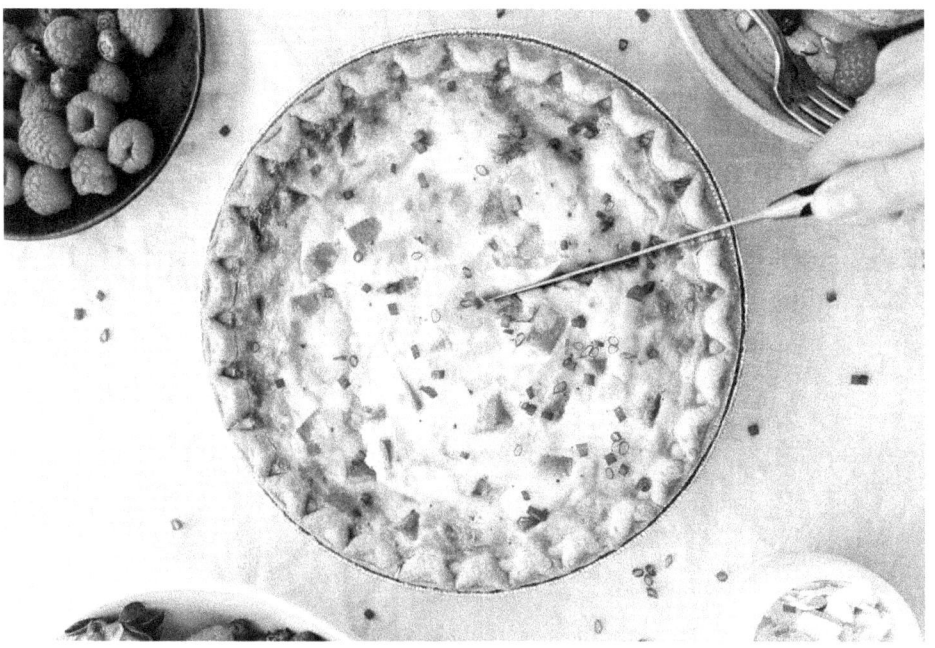

Ingredientes:
1 masa de pastel
1 taza de jamón de la selva negra picado
1 taza de queso suizo rallado
1/4 taza de perejil fresco picado
4 huevos
1 taza de leche
1/2 cucharadita de sal
1/4 cucharadita de pimienta negra
Direcciones:

Precaliente el horno a 375°F.

Coloque la masa para pastel en un molde para pastel de 9 pulgadas.

En un tazón, mezcle el jamón, el queso y el perejil. Extienda la mezcla sobre la corteza.

En otro tazón, bata los huevos, la leche, la sal y la pimienta. Vierta la mezcla sobre el jamón y el queso.

Hornee durante 35 a 40 minutos, o hasta que el quiche esté listo.

51. Solomillo De Cerdo De La Selva Negra

Ingredientes:

2 lomos de cerdo
1/2 taza de conservas de cerezas negras
1/4 taza de vinagre de vino tinto
1 cucharada de mostaza Dijon
2 dientes de ajo, picados
Sal y pimienta para probar
Direcciones:

Precaliente el horno a 400°F.

Sazone los lomos de cerdo con sal y pimienta.

En un tazón pequeño, mezcle las conservas de cerezas negras, el vinagre de vino tinto, la mostaza Dijon y el ajo picado.

Extienda la mezcla sobre los lomos de cerdo.

Hornee durante 20 a 25 minutos, o hasta que la temperatura interna alcance los 145 °F.

Deje reposar la carne de cerdo durante 5 minutos antes de cortarla y servirla.

52. Pollo Selva Negra

Ingredientes:

4 pechugas de pollo deshuesadas y sin piel
1/2 taza de cerezas en conserva
2 cucharadas de vinagre de vino tinto
2 dientes de ajo, picados
Sal y pimienta para probar
1/4 taza de perejil fresco picado

Direcciones:

Precaliente el horno a 375°F.

Sazone las pechugas de pollo con sal y pimienta.

En un tazón pequeño, mezcle las conservas de cereza, el vinagre de vino tinto y el ajo picado.

Extienda la mezcla sobre las pechugas de pollo.

Hornee durante 25 a 30 minutos, o hasta que la temperatura interna alcance los 165 °F.

Espolvorea con perejil fresco antes de servir.

53. Ensalada De Pollo Selva Negra

Ingredientes:

2 tazas de pollo cocido y desmenuzado
1/2 taza de apio picado
1/2 taza de manzana cortada en cubitos
1/2 taza de cerezas secas
1/4 taza de nueces picadas
1/4 taza de mayonesa
1/4 taza de crema agria
1 cucharada de miel
1 cucharadita de mostaza Dijon
Sal y pimienta para probar
Hojas de lechuga para servir
Direcciones:

En un tazón grande, combine el pollo desmenuzado, el apio, la manzana, las cerezas secas y las nueces picadas.

En un tazón pequeño, mezcle la mayonesa, la crema agria, la miel, la mostaza Dijon, la sal y la pimienta.

Vierta el aderezo sobre la mezcla de pollo y revuelva para cubrir.

Sirve la ensalada de pollo sobre hojas de lechuga.

POSTRE

54. Tarta de brownie selva negra

Rinde: 8 porciones

INGREDIENTES:
- ¼ taza de mantequilla o margarina derretida
- 2 onzas de chocolate sin azúcar, derretido
- ⅔ taza de azúcar
- 1 huevo grande
- 24 obleas de chocolate
- ½ taza de chispas de chocolate semidulce,
- ¼ taza de leche
- ½ cucharadita de vainilla
- ½ taza de harina para todo uso
- 1 lata de relleno de pastel de cereza
- 3 cucharadas de mantequilla o margarina, derretida
- 2 cucharaditas de crema para batir

INSTRUCCIONES:

a) Combine la mantequilla, el chocolate, el azúcar, el huevo, la leche y la vainilla; Golpea bien.

b) Agrega la harina y las nueces; Golpea bien. Extienda la masa en la corteza.

c) Hornee a 350'F. horno hasta que la parte superior se vea seca y se sienta firme cuando se toque suavemente, 18-20 minutos. Frío; unta la parte superior con glaseado.

d) Cuando el glaseado esté frío, transfiera las cerezas de la lata con una espumadera a la parte superior del postre.

CORTEZA DE CHOCOLATE

e) Triture finamente las obleas de chocolate para hacer 1¼ tazas de migas; vierta en un molde para pastel de 9 ".

f) Mezcle con 3 cucharadas de mantequilla o margarina derretida y presione firmemente sobre el fondo y la parte superior de la sartén.

g) Hornee a 350'F. hornee hasta que se dore más oscuro en el borde, 8-10 minutos, enfríe.

CREMA

h) En una sartén de 1 a 1 ½ cuarto a fuego lento, revuelva ½ taza de chispas de chocolate semidulce para hornear con 2 cucharadas de crema batida hasta que quede suave.

i) Usar tibio.

55. Bizcocho selva negra

Rinde: 10 porciones

INGREDIENTES:
- 1 paquete de mezcla para pastel de chocolate
- 1 lata de 21 oz de relleno de pastel de cereza
- ¼ taza de aceite
- 3 huevos
- glaseado de cereza

INSTRUCCIONES:
a) Mezclar y verter en un molde Bundt engrasado.
b) Hornear a 350ø por 45 minutos.
c) Dejar enfriar en el molde durante 30 minutos y luego retirar.

56. tarta selva negra

Rinde: 8 porciones

INGREDIENTES:
- 3 huevos grandes
- 4½ onzas de azúcar en polvo (granulada)
- 3 onzas de harina común
- ½ onza de cacao en polvo
- 1 lata (15 oz) de cerezas negras
- 2 cucharaditas de arrurruz
- 1 pinta de crema doble (hasta)
- 3 cucharadas de Kirsch o brandy
- 3 hojuelas de Cadbury

INSTRUCCIONES:

a) Bate los huevos y el azúcar hasta que estén muy pálidos y muy espesos y el batidor deje un rastro cuando lo levantes. Tamizar la harina y el cacao juntos dos veces e incorporarlos a la mezcla de huevo. Vierta en un molde para pastel redondo profundo de 23 cm/9" engrasado y forrado.

b) Hornee a 375F durante unos 30 minutos o hasta que esté firme al tacto. Dejar enfriar sobre una rejilla.

c) Cuando el bizcocho esté frío córtalo en tres capas. Escurrir las cerezas, reservando la lata de almíbar. Mezcle ½ litro del almíbar (agregando agua si es necesario) con el arrurruz en una cacerola y hierva, revolviendo. Cocine a fuego lento hasta que espese y esté claro.

d) Corta las cerezas por la mitad, quita los huesos (huesos) y agrégalas a la sartén, reservando algunas para decorar. Fresco. Batir la nata hasta que espese.

e) Coloque la capa inferior de pastel en un plato para servir y unte con la mitad de la mezcla de cerezas y otra capa de crema. Cubrir con la segunda capa de bizcocho. Espolvorear con el kirsch o brandy, luego extender sobre la mezcla de cerezas restante y otra capa de crema. Ponga la capa superior de la torta con cuidado sobre la crema.

f) Reservando un poco de crema para la decoración, extienda el resto sobre la parte superior y los lados del pastel. Haz un patrón decorativo en la parte superior. Desmenuce o ralle el chocolate y presione la mayor parte sobre los lados del pastel.

g) Vierta la crema reservada en remolinos sobre el pastel y decórelo con el chocolate restante y las cerezas reservadas. Deje el pastel durante 2-3 horas antes de servir.

57. Parfait de la selva negra

Rinde: 6 porciones

INGREDIENTES:
- 3 onzas de queso crema Neufchatel
- 2 tazas de leche descremada fría
- Paquete de 3 onzas de pudín de chocolate Jell-O
- 1 cucharada de maicena
- ⅓ taza de jugo de cereza
- 1 lata de cerezas rojas amargas sin hueso
- 1 libra de agua
- 6 paquetes de edulcorante igual

INSTRUCCIONES:
a) Mezcle el queso crema con ¼ de taza de leche a baja velocidad con una batidora eléctrica, hasta que quede suave. Agregue la leche restante y la mezcla de pudín. Mezclar durante 1 o 2 minutos o hasta que quede suave.
b) Mezcle la maicena en el jugo de cereza hasta que se disuelva. Agregue a las cerezas y cocine hasta que hierva durante 1 minuto.
c) Retire del fuego y agregue Equal.
d) Alternativamente, vierta pudín y cerezas en platos parfait, terminando con pudín. Adorne con 2 cerezas.

58. Helado de Pastel Selva Negra

Rinde: alrededor de 1 cuarto

INGREDIENTES:
- ⅔ taza de migajas de ½ pulgada
- ¼ tazaSalsa de chocolate líquida, enfriado
- ½ taza de cerezas Amarena
- 1¼ tazas de crema espesa
- 2 cucharadas de maicena
- 3 onzas (6 cucharadas) de queso crema, ablandado
- ¼ de cucharadita de sal marina fina
- ⅔ taza de azúcar
- 2 cucharadas de jarabe de maíz ligero
- 2 tazas de suero de leche, leche entera o leche al 2%

INSTRUCCIONES:
a) Coloque las migajas de pastel en un tazón pequeño, agregue la salsa de chocolate y revuelva ligeramente para cubrir, luego agregue las cerezas Amarena y revuelva para distribuir uniformemente. Congela mientras haces el helado. (La mezcla de pastel se puede congelar hasta por 1 mes).
b) Mezcle aproximadamente ¼ de taza de la crema con la maicena en un tazón pequeño para hacer una lechada suave.
c) Bate el queso crema y la sal en un tazón mediano hasta que quede suave.
d) Llene un recipiente grande con hielo y agua.
e) Cocine Combine la crema restante, el azúcar y el jarabe de maíz en una cacerola de 4 cuartos, hierva a fuego medio-alto y hierva durante 4 minutos. Retire del fuego y agregue gradualmente la mezcla de maicena. Vuelva a hervir la mezcla a fuego medio-alto y cocine, revolviendo con una espátula resistente al calor, hasta que espese un poco, unos 20 segundos. Retire del fuego.
f) Enfriar Batir gradualmente la mezcla de leche caliente en el queso crema hasta que quede suave, luego agregar el suero de leche. Vierta la mezcla en una bolsa Ziplock de 1 galón y sumerja

la bolsa sellada en el baño de hielo. Deje reposar, agregando más hielo según sea necesario, hasta que esté frío, aproximadamente 30 minutos.

g) Congelar Retire el recipiente congelado del congelador, ensamble su máquina de helados y enciéndala. Vierta la base de helado en el recipiente y gire hasta que esté espesa y cremosa.

h) Empaque el helado en un recipiente de almacenamiento, alternando el helado y una cucharada pequeña de la mezcla de pastel. Presione una hoja de pergamino directamente contra la superficie y séllela con una tapa hermética. Congele en la parte más fría de su congelador hasta que esté firme, por lo menos 4 horas.

59. soufflé de la selva negra

Rinde: 1 porción

INGREDIENTES:
- 16 onzas de cerezas agrias sin hueso, escurridas
- 5 cucharadas de brandy (optar)
- 4 cuadrados de chocolate para hornear
- 2 Sobres de Gelatina sin sabor
- 3 huevos, separados
- 1 lata (14 oz) de leche condensada azucarada
- 1½ cucharadita de vainilla
- 1 taza de milnot

INSTRUCCIONES:
a) Picar las cerezas y marinarlas en brandy (o cereza líquida). Remoje la gelatina en ½ taza de jugo de cereza.

b) Batir ligeramente las yemas de huevo; agregue la leche azucarada y la gelatina. Calienta a fuego lento hasta que la gelatina se disuelva; agregue el chocolate y caliente hasta que se derrita y la mezcla espese un poco. Agregue las cerezas y la vainilla; enfríe hasta que la mezcla se amontone ligeramente cuando se caiga de una cuchara.

c) Batir Milnot y claras de huevo hasta que la mezcla tenga picos rígidos.

d) Incorpore la mezcla de gelatina. Vierta en una fuente de soufflé de 1 cuarto de galón con un cuello de 3". Enfríe hasta que cuaje, varias horas o toda la noche. Quite el cuello; adorne con cerezas, rizos de chocolate o cobertura batida.

60. Pastel de trufas del bosque

Rinde: 8 porciones

INGREDIENTES:
- 4½ taza de leche
- 3 cuadrados (1 onza cada uno) de chocolate sin azúcar
- ⅓ taza de maicena
- ½ taza de azúcar
- ¼ de cucharadita de sal
- 2 cucharaditas de extracto de vainilla
- 2 tazas de migas de galleta
- Lata de 20 onzas de relleno de pastel de cereza

INSTRUCCIONES:
a) Ponga 4 tazas de leche en una cacerola grande y pesada. Agregue el chocolate sin azúcar y caliente a fuego moderado, observando cuidadosamente, hasta que se formen burbujas en la leche alrededor de los bordes de la sartén.

b) Retirar del fuego y dejar de lado. 2. Ponga la maicena, el azúcar, la sal y la ½ taza de leche restante en un tazón pequeño. Use un batidor pequeño para revolver la mezcla de maicena hasta que todos los ingredientes secos estén humedecidos y no queden grumos. Asegúrese de que la mezcla esté bien revuelta justo antes de agregarla a la leche caliente.

c) Con un batidor de alambre grande, revuelva la mezcla de leche caliente en una cacerola mientras agrega gradualmente la mezcla de maicena y leche. Regrese la cacerola al fuego y cocine a fuego moderadamente alto, revolviendo constantemente, hasta que la mezcla de leche comience a hervir. Hervir 1 minuto más, revolviendo constantemente.

d) Retire del fuego y agregue el extracto de vainilla. (Si debe detenerse por un momento, coloque un trozo de envoltura de plástico en la superficie del pudín para evitar que se forme una piel). Cuchara ⅓ del pudín de chocolate en un plato de soufflé de 2 cuartos o en un tazón de vidrio elegante. Cubra con ⅓ de las migas de galleta.

e) Reserve ½ taza de relleno de pastel de cereza. Coloque suavemente la mitad del relleno restante sobre las migas en un tazón. Repita las capas con otro tercio del pudín de chocolate, las migas, el resto del relleno de pastel de cereza y el pudín de chocolate restante.

f) Coloque las migas de galleta restantes alrededor del pudín de chocolate para formar un borde. Cubra la capa de pudín de chocolate con la ½ taza restante del relleno de pastel de cereza, colocándolo en el centro.

g) Refrigere la bagatela, tapada, hasta que el budín esté bien frío, de 5 a 6 horas.

61. Tiramisú Selva Negra

Hace: 3

INGREDIENTES:
PARA RELLENO DE CEREZA
- ½ taza de jugo de cereza o jarabe
- 1 taza de cerezas deshuesadas
- 1 cucharada de harina de maíz
- 2 cucharadas de azúcar

PARA MEZCLA DE CAFÉ
- 2 cucharadas de café instantáneo
- 1 taza de agua caliente

PARA LA CREMA DE MASCARPONE
- 200 ml de nata espesa
- 250 g de mascarpone
- 6-8 cucharadas de azúcar en polvo
- 1 cucharadita de extracto de vainilla

PARA MONTAJE
- 15 bizcochos ladyfinger aprox. 100 gramos
- salsa de chocolate
- virutas de chocolate negro
- cacao en polvo para espolvorear
- cerezas frescas o enlatadas para decorar

INSTRUCCIONES:
a) Prepare el relleno de cereza mezclando 2 cucharadas de jugo/jarabe de cereza con cerezas junto con azúcar y harina de maíz.
b) Lleve el jugo de cereza restante a fuego lento y luego agregue sus cerezas. Mezcle a fuego lento hasta que el líquido se espese y las cerezas estén ligeramente blandas. Reservar para que se enfríe.
c) Prepare su café mezclando café instantáneo con agua caliente y déjelo a un lado para que se enfríe. También puede usar cápsulas de espresso en lugar de café instantáneo. Necesitas una taza de café.

d) En un tazón frío, bata la crema espesa a picos medianos. Luego agregue su mascarpone, azúcar en polvo y extracto de vainilla. Batir hasta que todo esté cremoso y suave.

e) Cuando todo se haya enfriado empezar a montar. Estoy usando tres vasos surtidos de tamaño mediano-grande. Puedes usar cualquiera que prefieras.

f) Comience mojando los bizcochos en el café. No debes sumergirte por más de un segundo. Se vuelven blandas y blandas muy rápidamente. Además, se irán suavizando con el mascarpone por encima. Rompe los bizcochos si son grandes para tus vasos de servir. Haz una base en la base con tantos bizcochos como necesites.

g) Luego vierta un poco de crema de mascarpone encima. Rocía un poco de salsa de chocolate, tanto como quieras. Luego agregue una capa de cerezas. Repetir con otra base de bizcochos bañados en café seguido de crema de mascarpone.

h) Espolvorear con cacao en polvo y espolvorear unas virutas de chocolate. Agregue una cereza fresca encima. No pude encontrar ninguno, así que usé Cocktail Cherries para la decoración.

i) Refrigere durante 2-3 horas antes de servir. ¡Disfrútalo frío!

62. Pudín de chía con frutas de la selva negra

Hace: 1

INGREDIENTES:
- 2 cucharadas de semillas de chía
- ½ taza (120 ml) de leche de almendras sin azúcar
- 1 cucharadita de jarabe de arce
- ½ cucharaditas de extracto de vainilla
- ⅓ taza (65 g) de bayas de frutas del bosque congeladas, descongeladas
- 1 cucharada de yogur de coco natural vegano
- 1 cucharada de granola

INSTRUCCIONES:
a) Pudín de chía: Bate las semillas de chía, la leche de almendras, el jarabe de arce y el extracto de vainilla en un tazón pequeño. Déjalo reposar durante 10 minutos y deja que se espese un poco. Después de 10 minutos, vuelve a batir para eliminar los grumos que se hayan formado y distribuye uniformemente las semillas por toda la leche.

b) Vierta el pudín de chía en un recipiente hermético y colóquelo en el refrigerador durante al menos una hora, preferiblemente durante la noche.

c) Yogur de la Selva Negra: Mientras tanto, haz el yogur de la selva negra. Triture las bayas con un tenedor hasta que esté satisfecho con la textura. Alternativamente, puede usar una licuadora pequeña. Luego revuelve el yogur en el puré de frutas hasta que esté todo incorporado. Cubra y mantenga refrigerado hasta que su pudín de chía se haya espesado.

d) Coberturas: Cuando esté listo para servir, vierta el yogur de la selva negra sobre el pudín de chía y espolvoree sobre un poco de granola crujiente. También me encanta cubrir el mío con cerezas frescas.

63. mousse selva negra

Rinde: 10 porciones

INGREDIENTES:
- 1 onza de chocolate sin azúcar; derretir
- 14 onzas de leche condensada azucarada
- 1 taza de agua fría
- 1 paquete de pudín instantáneo de chocolate; 4 porciones
- ¾ cucharadita de extracto de almendras
- 2 tazas de crema espesa; azotado
- 21 onzas de relleno de tarta de cerezas; enfriar

INSTRUCCIONES:

a) En un tazón grande, bate el chocolate con la leche condensada azucarada.

b) Batir en agua, luego la mezcla de pudín y ½ cucharadita de extracto. Congelar durante 5 minutos. Incorpore la crema batida.

c) Sirva porciones iguales en 10 platos de postre.

d) Revuelve el ¼ de cucharadita de extracto restante en el relleno para pastel de cerezas; cuchara sobre los postres.

64. Cannoli de la Selva Negra

Hace: 8

INGREDIENTES:
PARA LOS CANOLÍES
- 2 claras de huevo grandes
- ⅓ taza de azúcar
- 1 cucharada de aceite de canola
- 1 cucharada de mantequilla, derretida
- 2 cucharaditas de extracto puro de vainilla
- 1 cucharada de cacao en polvo
- ⅓ taza de harina para todo uso

PARA LAS CEREZAS TOSTADAS
- 2 tazas de cerezas frescas, sin hueso
- ⅓ taza de azúcar
- 2 cucharaditas de maicena

PARA LA NATA MONTADA
- 1 taza de crema batida espesa fría
- 1 cucharada de kirsch
- 1 taza de azúcar en polvo

INSTRUCCIONES:
w) Precaliente el horno a 375.
x) Engrasa ligeramente dos bandejas para hornear con aceite en aerosol; dejar de lado.
y) En un tazón mediano, mezcle las claras de huevo, el azúcar, el aceite de canola, la mantequilla derretida y la vainilla. Batir hasta que esté bien combinado.
z) Agregue el cacao en polvo y la harina; continúe batiendo hasta que quede suave y no aparezcan grumos.
aa) Coloque 4 montones de masa en cada bandeja para hornear, usando 3 cucharaditas de masa para cada una, con un espacio de 3 pulgadas entre las galletas.
bb) Con el dorso de la cuchara, extienda cada galleta a aproximadamente 4 pulgadas de diámetro.

cc) Hornee durante 6 a 7 minutos, o hasta que los bordes comiencen a dorarse.
dd) Con una espátula desplazada, afloje las galletas de la bandeja para hornear y déles forma de tubo. Puedes usar un utensilio redondo de metal y envolver las galletas alrededor.
ee) Coloque las galletas con la costura hacia abajo y deje enfriar.
ff) Mientras tanto, prepara las cerezas.
gg) Precalentar el horno a 400.
hh) Combine las cerezas, el azúcar y la maicena en un tazón y revuelva para mezclar.
ii) Transferir a una fuente/bandeja para hornear.
jj) Ase durante 40 a 45 minutos, o hasta que los jugos burbujeen, revolviendo cada 15 minutos.
kk) Deje enfriar completamente y póngalo en el refrigerador hasta que esté listo para usar.
ll) Prepara la Crema Batida.
mm) Combine la crema batida espesa fría, Kirsch y azúcar en polvo en el tazón de su batidora.
nn) Bate la mezcla hasta que se formen picos rígidos; enfríe hasta que esté listo para usar.
oo) ensamblar galletas
pp) Divide uniformemente las cerezas asadas y rellénalas en cada caparazón de cannoli.
qq) Vierta la crema batida preparada en una manga pastelera provista de una punta de estrella y vierta el relleno en conchas de cannoli.
rr) Atender.

65. Tarta Selva Negra

INGREDIENTES
- 0.25 taza de mantequilla
- 0.25 taza de chispas de chocolate
- 1 base de tarta honda congelada
- 1 taza de cobertura de postre cocida
- 2 huevos
- 2 cucharadas de harina
- ⅓ taza de leche
- ⅓ taza de cacao en polvo sin azúcar
- ¾ taza de azúcar blanca

INSTRUCCIONES

a) PRECALIENTA el horno a 350 grados F (180 grados C).

b) COMBINA el azúcar, el cacao y la harina en una cacerola mediana.

c) Agregue leche y mantequilla. Hacer hervir removiendo constantemente.

d) Alejar del calor. Agregue una pequeña cantidad del relleno caliente a los huevos batidos. Regrese todas las mezclas de huevo a la cacerola, batiendo constantemente para incorporar. Dobla por la mitad el relleno de tarta de cerezas y las chispas de chocolate.

e) Vierta el relleno en la base de la tarta y hornee durante 35-40 minutos o hasta que cuaje. Enfriar y refrigerar por lo menos una hora.

f) CUCHARA de cobertura batida sobre el pastel y luego ingeniosamente coloque el relleno de pastel de cereza restante encima.

66. Tarta Selva Negra

INGREDIENTES

- ½ taza de mantequilla
- 21 onzas de relleno de pastel de cereza en lata
- 1¼ tazas de migas de oblea de chocolate
- 3 huevos
- ⅔ taza de harina
- 1 cucharada de crema batida espesa
- ¼ cucharaditas de sal
- 2 onzas de chocolate semidulce
- ⅔ taza de azúcar
- 1 cucharadita de extracto de vainilla

INSTRUCCIONES

a) En un tazón pequeño, combine las migas de oblea y el azúcar; agregue la mantequilla. Presione en la parte inferior y hacia arriba de los lados de un molde de 11 pulgadas ligeramente engrasado. Tartera acanalada con fondo extraíble.

b) Coloque la sartén en una bandeja para hornear.

c) Hornee a 350 ° durante 8-10 minutos o hasta que esté ligeramente dorado. Dejar enfriar sobre una rejilla.

d) En un microondas, derrita la mantequilla y el chocolate; revuelva hasta que quede suave. Enfriar por 10 minutos. En un tazón grande, bata los huevos, el azúcar, la vainilla y la sal hasta que espese, aproximadamente 4 minutos. Mezcle en una mezcla de chocolate. Agregue la harina y mezcle bien.

e) Vierta en la corteza; esparcir uniformemente.

f) Hornee a 350 ° durante 25-30 minutos o hasta que un palillo insertado cerca del centro salga limpio. Dejar enfriar completamente sobre una rejilla.

g) Extienda el relleno de pastel sobre la parte superior.

h) En un microondas, derrita el chocolate y la crema; revuelva hasta que quede suave. Enfriar durante 5 minutos, revolviendo ocasionalmente.

i) Rocíe sobre la tarta. Enfriar hasta que cuaje.

67. Sundaes de la Selva Negra con brownies

Hace: 4

INGREDIENTES
PARA EL HELADO
- Bote de 568 ml de crema única
- 140 g de azúcar en polvo
- 4 yemas de huevo
- ½ cucharaditas de extracto de vainilla
- 200 g de chocolate negro (70% cacao), más extra para decorar

PARA LA SALSA DE CEREZA
- 1/2 lata de 400g de cerezas
- 2 cucharadas de kirsch o brandy

SERVIR
- 148ml crema doble
- 2 cucharaditas de azúcar glas
- 2 cuadrados de brownie

PARA LOS BROWNIES
- 200 g de mantequilla
- 175 g de azúcar morena oscura
- 140 g de azúcar granulada
- 4 huevos
- 50 g de almendra molida
- 50 g de harina común
- 200 g de chocolate negro

INSTRUCCIONES:

a) Para el helado, verter la nata en una cacerola y llevar a ebullición. Batir el azúcar, las yemas de huevo y la vainilla. Vierta sobre 2 cucharadas de la crema y mezcle con la mezcla de huevo.

b) Vierta la mezcla de huevo en la sartén con la nata, baje el fuego y cocine durante unos minutos, revolviendo continuamente con una cuchara de madera, hasta que la crema cubra el dorso de la cuchara.

c) Derrita el chocolate en el microondas a temperatura alta durante 1 minuto, luego revuélvalo en el tazón de las natillas.

Cuando la crema se haya enfriado, bata en una máquina para hacer helados de acuerdo con las instrucciones del fabricante.

d) Para hacer la salsa, escurra las cerezas, reservando el líquido, luego reserve. Coloque el líquido en una cacerola con el kirsch o el brandy y cocine a fuego lento durante 5 minutos o hasta que tenga una consistencia de jarabe. Regrese las cerezas a la sartén para que se calienten.

e) Para montar los helados, montar la nata con el azúcar glas hasta que se formen picos suaves. Corta los brownies en trozos pequeños y luego coloca un puñado en el fondo de 4 vasos. Coloque el helado encima, luego rocíe con las cerezas y la salsa. Cubrir con crema batida y esparcir con chocolate rallado.

f) PARA LOS BROWNIES: Calentar el horno a 180C/ventilador 160C/gas 4, luego engrasar y forrar un molde cuadrado de brownie de 20cm. Caliente la mantequilla y el chocolate negro en una sartén hasta que se derrita. Revuelva con el azúcar moreno oscuro y el azúcar granulada. Deje enfriar durante 5 minutos, luego mezcle los huevos.

g) Agregue las almendras y la harina. Vierta en la lata, luego hornee durante 30-35 minutos hasta que esté completamente cocido.

68. Abedul de la Selva Negra

Hace: 4

INGREDIENTES
- 2 peras pequeñas, ralladas
- 10 cucharadas (60 g) de avena arrollada
- 1 cucharada de cacao en polvo o cacao en polvo
- 200 g de yogur griego, más 4 cucharadas
- 5 cucharadas de leche
- 1 cucharada de jarabe de arce o miel, más extra para servir (opcional)
- 200 g de cerezas, partidas por la mitad y sin hueso
- 2 cuadrados de chocolate negro

INSTRUCCIONES:

a) Combine las peras, la avena, el cacao, el yogur, la leche y el jarabe de arce en un tazón. Divida entre cuatro tazones (o recipientes si lo lleva al trabajo).

b) Cubra cada porción con algunas cerezas, 1 cucharada de yogur y un poco de jarabe de arce adicional, si lo desea. Ralla finamente el chocolate sobre el Bircher, espolvoreando ligeramente cada porción.

c) Coma de inmediato o enfríe en el refrigerador hasta por 2 días.

69. Pavlová de la Selva Negra

INGREDIENTES

- 4 claras de huevo grandes
- 1 pizca de sal
- 225 g de azúcar en polvo
- 2 cucharadas de cacao en polvo
- 1 cucharadita de vinagre de vino tinto
- 50 g de chocolate negro, rallado
- 300ml de nata doble, o nata para montar
- 2 cucharadas de kirsch, opcional
- 450g de cerezas, sin hueso
- 25 g de chocolate negro, rallado

INSTRUCCIONES:

a) Precaliente el horno a 150 °C/Marca de gas 2 y cubra una bandeja para hornear grande con papel para hornear.

b) Batir las claras de huevo y la sal hasta que estén firmes, luego agregar gradualmente el azúcar, batiendo bien entre cada adición. Deberías tener un merengue espeso y brillante. Batir el cacao y el vinagre y doblar el chocolate picado con una cuchara grande de metal.

c) Vierta el merengue en una ronda en la bandeja para hornear forrada, haciéndolo ligeramente más alto en los bordes exteriores. Póngalo en el horno para hornear durante 1 hora a 1 hora, 15 minutos, o hasta que el merengue esté crujiente por fuera pero malvavisco por dentro. Apagar el horno y dejar enfriar completamente el merengue dentro, con la puerta del horno cerrada. Es más fácil hacerlo por la noche y dejar que se enfríe toda la noche.

d) Una vez que esté listo para servir, bata la crema hasta que esté firme pero no seca y agregue el kirsch y mezcle nuevamente. Apila la nata sobre el merengue y extiéndela un poco. Repartir por encima las cerezas sin hueso y cubrir con el chocolate rallado.

70. Zapatero de la Selva Negra

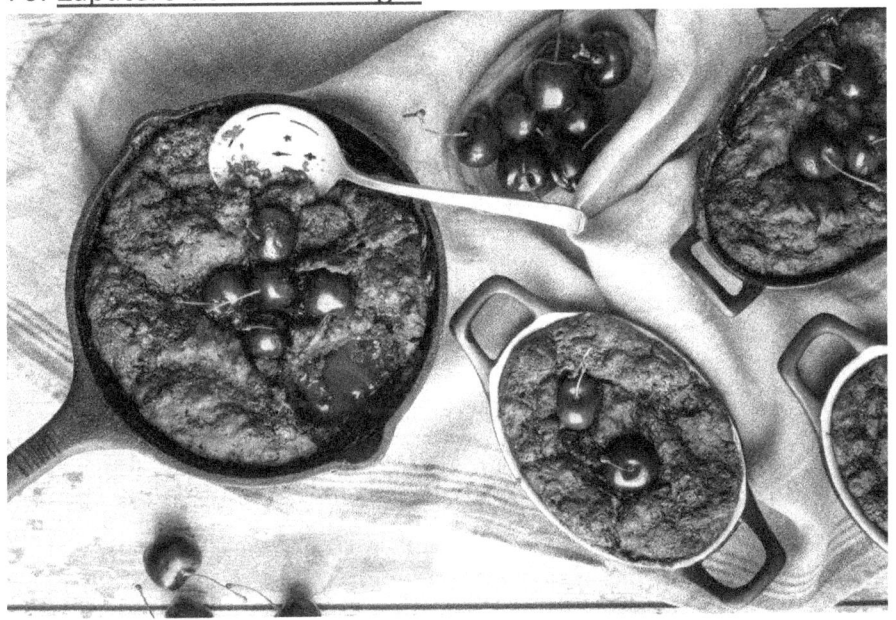

Hace: 6

INGREDIENTES
- ½ taza de azúcar
- 1 cucharada de maicena
- 7 tazas de cerezas ácidas rojas sin hueso (alrededor de 2 libras)
- ¼ de cucharadita de extracto de almendras
- ¾ taza de harina para todo uso
- ¼ taza de cacao para hornear
- 1 cucharada de azúcar
- 1 ½ cucharaditas de polvo de hornear
- ½ cucharadita de sal
- 3 cucharadas de mantequilla o margarina
- ½ taza de leche
- Crema o helado, si lo desea

INSTRUCCIONES:
a) Caliente el horno a 400°F. Mezcle ½ taza de azúcar y la maicena en una cacerola de 2 cuartos. Agregue las cerezas. Cocine a fuego medio, revolviendo constantemente, hasta que la mezcla espese y hierva. Hervir y revolver durante 1 minuto. Agregue el extracto de almendras. Vierta en una cacerola de 2 cuartos sin engrasar; mantener caliente en el horno.
b) Mezcle la harina, el cacao, 1 cucharada de azúcar, el polvo de hornear y la sal en un tazón pequeño. Cortar la mantequilla, usando una batidora de repostería o entrecruzando 2 cuchillos, hasta que la mezcla se vea como migas finas. Agregue la leche. Vierta la masa en 6 cucharadas sobre la mezcla de frutas caliente.
c) Hornee sin tapar durante 25 a 30 minutos o hasta que la cobertura esté lista. Servir tibio con crema. Sustitución

71. Fudge de la Selva Negra

Rinde: 32 porciones

INGREDIENTES
- 3 tazas de azúcar granulada
- ¾ taza 1 ½ barras de mantequilla sin sal, cortada en cubitos
- 1 lata de 5 onzas de leche evaporada
- 2 tazas de chispas de chocolate amargo
- 1 frasco de 7 onzas de pelusa de malvavisco
- 1 cucharadita de extracto de vainilla
- pizca de sal
- ½ taza de cerezas secas
- ¾ taza de cobertura batida congelada descongelada
- ½ taza de cerezas al marrasquino partidas a la mitad
- 2 cucharadas de chocolate agridulce picado en trozos grandes

INSTRUCCIONES

a) Cubra un molde para hornear cuadrado de 9 pulgadas con papel aluminio y engráselo ligeramente con aceite en aerosol. Dejar de lado.

b) En una cacerola mediana, combine el azúcar, la mantequilla y la leche evaporada. Ponga a fuego medio-alto y cocine hasta que hierva, revolviendo con frecuencia, aproximadamente 5 minutos.

c) Retire del fuego y agregue las chispas de chocolate, la pelusa de malvavisco, el extracto de vainilla y la sal hasta que se derrita y esté completamente suave. Agregue las cerezas secas, vierta en la sartén preparada y extienda uniformemente. Deje que se enfríe un poco y luego cubra con una envoltura de plástico. Enfríe en el refrigerador hasta que esté firme, aproximadamente 1 hora. Cubra la parte superior con la cobertura batida y luego gire con una cuchara. Cubra con las cerezas partidas por la mitad y espolvoree con el chocolate.

d) Enfríe una vez más durante al menos 2 horas, o hasta que esté completamente firme. Cortar y servir. Las sobras se pueden guardar en el refrigerador, envueltas en plástico, hasta por 4 días.

72. Calabacín Selva Negra

Hace: 8

INGREDIENTES
- 1 taza de crema para batir
- 1-2 cucharadas de azúcar
- 1 lata de 12 a 14 onzas de relleno de pastel de cerezas
- 3 cucharadas de chocolate negro rallado
- Pastel de chocolate nueve horneado de 1 pulgada

INSTRUCCIONES
a) Corte el pastel por la mitad y presione en un tazón de 8 pulgadas que haya rociado con aceite en aerosol y luego forrado con una envoltura de plástico que sobresalga de los bordes.
b) Con la envoltura de plástico adentro, presione el pastel hacia adentro y hacia ARRIBA los lados del tazón tanto como pueda para formar esa cúpula superior.
c) Poner en la lata de cerezas.
d) Toma la taza de crema y bátela hasta que quede crema batida. Agregue el azúcar a su gusto, prefiero la crema batida menos dulce ya que el relleno del pastel es muy dulce.
e) Coloque la crema batida en el pastel, encima de las cerezas.
f) Espolvorea las virutas de chocolate negro sobre la crema batida.
g) Coloque el fondo del pastel y corte el exceso hasta que encaje. ¡Presiona hacia abajo con firmeza, pero no tanto como para que todo salga en una sola parte! Luego, si tenía la envoltura de plástico restante, simplemente retírela de los lados del recipiente y cúbrala.
h) Refrigere durante la noche. Inviértalo en un plato, y debería salir hermoso con la envoltura de plástico.
i) Retira la envoltura de plástico y ¡disfruta!

73. Postre de corteza de Oreo

Hace: 8

INGREDIENTES
- 20 Oreo trituradas
- ½ taza de mantequilla derretida
- 2 paquetes de queso crema, (8 oz cada uno)
- ½ taza de azúcar en polvo
- 1 taza de crema agria (o yogur con toda la grasa o yogur griego)
- 2 cucharaditas de extracto de vainilla
- 2 envases de Cool Whip, (8 onzas cada uno)
- ½ taza de cacao en polvo
- ½ taza de mermelada de cereza

INSTRUCCIONES
CORTEZA DE OREO
a) Vierta la mantequilla derretida sobre las Oreos trituradas y presiónela con las Oreos con los dedos o una espátula. Aplane la corteza presionando con el fondo de una taza medidora.
b) Agregue el queso crema al tazón para mezclar apto para microondas y ablande ambos paquetes de queso crema calentándolos en el microondas durante 20 segundos.
c) Agregue azúcar en polvo a un tazón para mezclar con queso crema; use un tamiz / colador pequeño para evitar grumos. Batir el queso crema y el azúcar en polvo hasta que quede suave y combinado.
RELLENO DE QUESO CREMA/CREMA AGRIA/COOL WHIP
d) Al tazón para mezclar con queso crema, agregue la crema agria y el extracto de vainilla. Mezclar con una espátula hasta que se combinen.
e) Ahora doble en 2 recipientes de Cool Whip con una espátula. Mezcle hasta que quede suave.
f) Divida el relleno preparado en dos partes, algo iguales entre sí. Una mitad se usará como la primera capa blanca, la otra, como una segunda capa de chocolate.
PRIMERA CAPA (BLANCO)

g) Con una espátula, agregue la mitad del relleno de queso crema/crema agria/látigo fresco encima de la corteza de Oreo preparada y alise con una espátula.

SEGUNDA CAPA (CHOCOLATE)

h) Agregue cacao en polvo al relleno de crema restante usando un tamiz/filtro pequeño para evitar grumos. Mezclar bien con la espátula hasta que se combinen. Extiéndelo uniformemente sobre la primera capa.

CAPA SUPERIOR (MERMEL DE CEREZA)

i) Agregue mermelada de cereza encima de la segunda capa extendiéndola uniformemente sobre la capa superior de chocolate con una espátula.

j) Refrigere durante al menos 4-5 horas para que las capas se asienten y se vuelvan firmes. También puede ponerlo en un congelador durante una hora si tiene poco tiempo.

k) Divida y sirva cada rebanada con algunas Oreos trituradas encima.

ADICIÓN

l) Triture las Oreo con un rodillo o un ablandador de carne y colóquelas en el fondo de la fuente para hornear. También puede procesar Oreo (incluida la parte blanca) muy finamente en el procesador de alimentos y tener una miga fina y agradable en lugar de una corteza gruesa.

74. Selva Negra Boule-de-Neige

Rinde: 14 porciones

INGREDIENTES
PASTEL
- Spray de aceite vegetal antiadherente
- ⅓ taza de mermelada de cereza
- 2 cucharadas de kirsch
- 1 ½ tazas de cerezas ácidas secas
- 1 libra de chocolate amargo, picado
- 1 taza (2 barras) de mantequilla sin sal
- 1 ¼ tazas de azúcar
- 1 cucharadita de extracto de vainilla
- 6 huevos grandes
- ⅓ taza de harina para todo uso

NATA MONTADA KIRSCH
- 2 tazas de crema batida fría
- ¼ taza de azúcar en polvo
- 4 cucharaditas de kirsch (aguardiente de cereza claro)
- ¼ de cucharadita de extracto de almendras
- 16 pétalos de violeta confitados

INSTRUCCIONES
PARA PASTEL:
a) Coloque la rejilla en el tercio más bajo del horno y precaliente a 350 °F. Cubra un tazón de metal de 10 tazas con papel de aluminio, que se extienda 3 pulgadas por los lados. Rocíe la lámina con spray antiadherente. Revuelva las conservas con kirsch en una sartén mediana a fuego medio hasta que las conservas se derritan.

b) Agrega las cerezas secas; llevar a ebullición. Cubrir; Retírelo del calor. Dejar enfriar.

c) Derrita el chocolate con mantequilla en una cacerola grande y pesada a fuego medio-bajo, revolviendo hasta que quede suave. Alejar del calor.

d) Batir el azúcar y la vainilla, luego batir los huevos 1 a la vez. Mezcle la harina, luego la mezcla de cerezas. Transfiera la masa al tazón preparado.

e) Hornea el pastel en un bol durante 30 minutos. Dobla el saliente de aluminio sobre los bordes del pastel para evitar que se dore demasiado.

f) Continúe horneando el pastel hasta que la parte superior esté agrietada y seca y el probador insertado en el centro salga con un poco de masa húmeda adherida, unos 55 minutos más. Enfríe el pastel completamente en un tazón sobre la rejilla (el pastel puede caerse en el centro).

g) Presiona el borde del pastel firmemente para nivelarlo con el centro del pastel. Cubra y deje reposar a temperatura ambiente durante la noche.

PARA LA NATA MONTADA KIRSCH:

h) Con una batidora eléctrica, bata la crema, el azúcar en polvo, el kirsch y el extracto de almendras en un tazón grande hasta que la crema forme picos.

i) Invierta el pastel en un plato. Retire la lámina. Vierta la crema batida en una manga pastelera grande equipada con una punta de estrella mediana. Coloque las estrellas de crema batida sobre el pastel, cubriendo completamente. Coloque estrellas adicionales sobre el centro plano superior del pastel para formar una cúpula.

j) Decorar con violetas confitadas.

75. Semifrío Selva Negra

Hace: 8

INGREDIENTES
- Aceite o mantequilla blanda, para engrasar
- 250 g de cerezas negras congeladas, descongeladas, picadas
- 3 cucharadas de kirsch
- 3 huevos, separados
- 75 g de azúcar en polvo
- Crema doble 340ml
- 50 g de galletas de nuez de jengibre, trituradas
- 60 g de pistachos, picados en trozos grandes
- 100 g de chocolate negro, picado en trozos grandes

INSTRUCCIONES:

a) Engrase un molde de pan de 900 g y cúbralo con una tira larga de papel para hornear (de modo que sobresalga de los bordes). Poner las cerezas picadas en un bol, añadir el kirsch, tapar el bol y reservar.

b) Ponga las claras de huevo en un tazón grande y bata con batidoras eléctricas hasta que formen picos rígidos. En otro bol, batimos las yemas con el azúcar hasta que estén blanquecinas y espesas. En un tercer tazón, bata la crema doble hasta que forme picos suaves. Agregue la mezcla de yemas a la crema batida, hasta que esté bien combinado, luego agregue las claras de huevo.

c) Finalmente, mezcle las cerezas picadas en trozos grandes (con el licor de remojo si lo desea), 40 g de galletas trituradas, 40 g de pistachos picados y 60 g de chocolate picado hasta que se mezclen.

d) Vierta la mezcla en el molde de pan preparado, alise la superficie con una cuchara, cubra y congele durante al menos 4 horas hasta que esté firme. Para servir, derrita los 40 g de chocolate restantes en un bol sobre una cacerola con agua apenas hirviendo.

e) Saque el semifrío del congelador, llene un tazón grande con agua caliente y sumerja la base de la lata en el agua durante unos 30 segundos, luego inviértalo en un plato para servir.

f) Rocíe el chocolate sobre el semifrío y decórelo con las cerezas enteras restantes, las nueces de jengibre trituradas y las nueces.

g) Sirva de inmediato, congelando las sobras inmediatamente después de servir hasta por 1 mes.

76. Parfaits de crema de chocolate con cerezas Oreo

Rinde: 1 porciones

INGREDIENTES:
- 1 paquete (4 porciones) de gelatina de cereza Royal®
- 1 taza de agua hirviendo
- 1 taza de agua fría
- 7 galletas sándwich de chocolate oreo® cubiertas de dulce de azúcar; dividido
- 1½ taza de cobertura batida preparada

INSTRUCCIONES:
a) Disuelva la gelatina en agua hirviendo; agregue agua fría. Vierta en un molde para hornear de 8 x 8 x 2 pulgadas. Enfriar hasta que esté firme.
b) Pica en trozos grandes 5 galletas; doblar en cobertura batida. Cortar la gelatina en cubos.
c) Coloca la mitad de los cubos de gelatina en 4 vasos de parfait; Cubra con la mitad de la mezcla de cobertura batida. Repita las capas. Enfriar hasta el momento de servir. Reduzca a la mitad las galletas restantes; utilizar para decorar parfaits.

77. mousse de cereza

Rinde: 6 porciones

INGREDIENTES:
c) 6 huevos grandes, separados
d) ½ taza de azúcar
e) ¼ taza más 2 cucharadas de agua
f) 3½ pintas de crema espesa
g) 3½ tazas de cerezas ácidas o dulces, en puré

INSTRUCCIONES:
a) Coloque las claras en el refrigerador y las yemas en un tazón grande de acero inoxidable y reserve.
b) En una cacerola pesada, combine el azúcar y el agua. Mezcle hasta que se disuelva y coloque a fuego alto. Hervir durante 2 a 3 minutos. Cuando esté claro y el azúcar esté completamente disuelto, retírelo del fuego y mezcle rápidamente con las yemas de huevo.
c) Con una batidora eléctrica, bate esta mezcla a alta velocidad durante 5 a 8 minutos o hasta que esté firme y brillante. Dejar de lado.
d) Montar la nata hasta que se formen picos rígidos y reservar. Batir las claras de huevo para formar picos rígidos y reservar.
e) Agregue el puré de cerezas a la mezcla de yema de huevo y mezcle bien. Agregue la crema batida y luego las claras de huevo. Vierta en platos individuales o en un tazón grande y refrigere rápidamente durante al menos 2 horas, más tiempo si es posible.
f) Sirva con crema batida o nueces como guarnición.

78. Tarta helada de chocolate y cerezas

INGREDIENTES:
- 1 taza (2 barras) de mantequilla sin sal
- 1 taza de azúcar superfina
- 1 cucharadita extracto puro de vainilla
- 4 huevos batidos
- 2 tazas menos 1 cucharada colmada. harina para todo uso
- 1 cucharada colmada cacao en polvo sin azúcar
- 1 ½ cucharadita Levadura en polvo
- 4 tazas de cerezas sin hueso y picadas
- ½ taza de jugo de arándano
- 3 cucharadas azúcar moreno claro
- ½ recetahelado de vainilla de lujo
- 1 taza de crema espesa, suavemente batida
- unas cerezas para cubrir
- rizos de chocolate

Precaliente el horno a 350°F (180°C). Engrase ligeramente un molde de resorte de 7 pulgadas o un molde para pastel profundo de fondo suelto. Bate la mantequilla, el azúcar y la vainilla hasta que estén pálidos y cremosos. Bata suavemente la mitad de los huevos, luego incorpore gradualmente los ingredientes secos, alternando con el resto de los huevos, hasta que estén bien mezclados. Vierta en el molde para pasteles preparado, aplane la parte superior y hornee durante 35 a 40 minutos hasta que esté firme al tacto. Deje enfriar en la sartén, luego retírelo, envuélvalo en papel aluminio y refrigere hasta que esté muy frío, para facilitar el corte.

Ponga las cerezas en una cacerola pequeña con el jugo de arándanos y el azúcar moreno. Cocine a fuego moderado hasta que estén tiernos. Deje enfriar, luego refrigere hasta que esté realmente frío. Prepara el helado de vainilla hasta que tenga una consistencia que se pueda cucharar.

Con un cuchillo largo, corta el pastel en tres capas iguales. Coloque una capa en el molde para pastel de 7 pulgadas y cubra con la mitad de las cerezas y un tercio de su jugo. Cubrir con una capa de helado y luego con la segunda capa de bizcocho. Agregue el resto de las cerezas pero no todo el jugo (use el resto del jugo para humedecer la parte inferior de la tercera capa de pastel). Cubrir con el resto del helado y la última capa de bizcocho. Presione bien, cubra con una envoltura de plástico y congele durante la noche. (Si lo desea, el pastel se puede almacenar en el congelador hasta por 1 mes).

79. Ron Tiramisú

Rinde: 6 porciones

INGREDIENTES:
- 1 libra de queso mascarpone, muy fresco
- 1 lata grande de cerezas negras en almíbar
- ¼ taza de azúcar granulada
- 2 cucharadas de ron, más
- ⅓ taza de ron mezclado con agua y un poco de azúcar granulada extra
- 24 dedos de mujer

INSTRUCCIONES:
a) Mezcle el queso, ¼ de taza de azúcar granulada y 2 cucharadas de ron. Dividir en 3 partes iguales
b) Coloque 8 galletas una al lado de la otra en un molde para pan que sea al menos lo suficientemente grande como para acomodarlas. Vierta ⅓ del jugo de cereza oscuro enlatado sobre las galletas, distribuyéndolo uniformemente. Coloca ⅓ de la mezcla de queso sobre las galletas.
c) Coloque otras 8 galletas una al lado de la otra sobre la mezcla de queso. Remoja esta capa de galletas con la mezcla de ron. Coloque otro tercio de la mezcla de queso sobre las galletas.
d) Coloque otras 8 galletas una al lado de la otra sobre la mezcla de queso. Remoje esta capa de galletas con el ⅓ de taza restante de jarabe de cereza oscura enlatado. Coloque el tercio final de la mezcla de queso sobre las galletas.
e) Adorne con cerezas adicionales.

80. Tiramisú de cereza

Rinde: 8 porciones

INGREDIENTES:
- 12 Galletas Ladyfinger
- ⅔ taza de expreso
- 3 huevos grandes; a temperatura ambiente
- 3 cucharadas de azúcar
- 1 taza de crema para batir
- ¼ taza de azúcar en polvo
- 2 cucharadas de jugo de limón
- 4 onzas de chocolate semidulce; picado muy fino
- 1 taza de cerezas dulces; deshuesado

INSTRUCCIONES:
a) Acomoda las galletas en una sola capa sobre papel encerado; rocíe uniformemente con espresso. Dejar de lado. Usando una batidora eléctrica, en un tazón grande bate los huevos y el azúcar a alta velocidad hasta que espese y esté pálido; dejar de lado. En un tazón profundo y frío, combine la crema, el azúcar en polvo y el jugo de limón; batir a alta velocidad hasta que esté firme. Incorpore la mezcla de crema a la mezcla de huevo.

b) Coloque la mitad de las galletas en el fondo de un tazón de vidrio ancho de 2 cuartos.

c) Cubra con la mitad de la mezcla de crema, luego espolvoree uniformemente sobre la mitad del chocolate. Cubra con las galletas restantes, la mezcla de crema y el chocolate.

d) Cubra y enfríe por lo menos 1 hora o hasta 3 horas. Coloque las bayas alrededor del borde del plato. Cortar en gajos, luego levantar con una cuchara ancha para servir.

81. Panna Cotta italiana con chocolate negro Lindt

INGREDIENTES:
- 2 cucharadas de agua fría
- 1 cucharada de polvo de agar agar
- 2 tazas de crema espesa
- 1/4 taza de azúcar
- 1 cucharadita de esencia de vainilla
- según sea necesario maleato Lindt chocolate negro
- según sea necesario frutas para decorar

INSTRUCCIONES:

a) Coloque agua en un tazón pequeño y agar agar y deje que la gelatina florezca durante 5-7 minutos.

b) En una sartén mediana caliente la crema, el azúcar, la esencia de vainilla a fuego medio y deje hervir hasta que el azúcar se disuelva. Agrega la gelatina e inmediatamente bate hasta que esté suave y disuelta.

c) Si la gelatina no se ha disuelto por completo, regresa la cacerola a la estufa y caliéntala suavemente a fuego lento. Remueve constantemente y no dejes que la mezcla hierva.

d) Vierta la crema en 3 platos individuales para servir. Refrigere durante al menos 2-4 horas, o hasta que esté completamente listo.

e) Decóralo con la parte superior con maleato de chocolate negro Lindt, cubos de kiwi y cereza.

CÓCTELES Y MOCKTAILS

82. Cóctel de la Selva Negra con Bourbon

Rinde: 2 bebidas

INGREDIENTES:
- 4 cucharadas de bourbon
- 1 cucharada + 1 cucharadita de brandy de cereza
- 1 cucharada de crema de cacao marrón
- 1 cucharadita de Kahlúa

ADORNAR
- Flotador de nata (doble/ fuerte)
- cerezas marrasquino
- chocolate rallado/cacao en polvo

INSTRUCCIONES:
a) Pon una cereza en cada copa de cóctel.
b) Ponga un puñado de hielo en una coctelera o jarra y luego agregue todo el alcohol
c) Revuelva durante 20 segundos y luego cuele en los vasos.
d) Flote un poco de crema doble sobre la parte superior del cóctel (ver notas)
e) Espolvorear con chocolate rallado o un poco de cacao en polvo tamizado

83. Martini de la Selva Negra

Hace: 1 bebida

INGREDIENTES:
- 2 onzas de vodka de vainilla
- ½ onza de licor de chocolate
- ½ onzas de crema de cacao
- 2 cucharaditas de jugo de cereza
- Guarnición: Crema Batida/Virutas De Chocolate/Cereza

INSTRUCCIONES:
a) En un vaso lleno de hielo combine el vodka de vainilla, el licor de chocolate, la crema de cacao y el jugo de cereza.
b) Agitar bien.
c) Cuele la mezcla en un vaso cupé y cubra con crema batida, virutas de chocolate y una cereza.

84. Batido de Boba de la Selva Negra

INGREDIENTES:
- 110 ml bebida de leche chocolatada
- 3 cucharadas de leche en polvo
- 2 cucharadas de polvo de selva negra
- Unas cucharadas de hielo picado
- Y también unas cucharadas de perlas de boba.

INSTRUCCIONES:
a) Agitar todo en una taza con tapa.
b) Por último, el hielo y las perlas de boba.

85. Selva Negra a la antigua

2 onzas de bourbon
1 onza de licor de cereza
1/2 oz de jarabe simple
2 chorritos de chocolate amargo
piel de naranja

En un vaso bajo, machacar la piel de naranja con el almíbar simple. Agregue hielo, bourbon, licor de cereza y amargo de chocolate. Remueve bien y decora con una cereza.

86. Margarita Selva Negra

2 onzas de tequila
1 onza de licor de cereza
1 onza de jugo de lima
1/2 oz de néctar de agave
sal (opcional)
Agregue todos los ingredientes a una coctelera llena de hielo.
Agitar bien y colar en un vaso lleno de hielo. Borde el vaso con sal si lo desea.

87. Sangría de la Selva Negra

1 botella de vino tinto
1/2 taza de brandy de cereza
1/4 taza de licor de chocolate
1/4 taza de jugo de naranja
1/4 taza de jarabe simple
Rodajas de naranjas y cerezas
Combine todos los ingredientes en una jarra grande y revuelva bien. Refrigere por lo menos 2 horas o toda la noche. Sirva sobre hielo y decore con rodajas de naranja y cerezas.

88. Negroni de la Selva Negra

1 onza de ginebra
1 onza de licor de cereza
1 onza de vermut dulce
piel de naranja

Agregue todos los ingredientes a una coctelera llena de hielo. Agitar bien y colar en un vaso lleno de hielo. Adorne con una cáscara de naranja.

89. Selva Negra Manhattan

2 onzas de bourbon
1 onza de licor de cereza
1/2 oz de vermut dulce
2 chorritos de chocolate amargo
Cereza

Agregue todos los ingredientes a una coctelera llena de hielo. Agitar bien y colar en un vaso. Decorar con una cereza.

90. Fizz de la Selva Negra

2 onzas de vodka
1 onza de licor de cereza
1 onza de jugo de limón
1/2 oz de jarabe simple
Club soda
Agregue vodka, licor de cereza, jugo de limón y jarabe simple a una coctelera llena de hielo. Agitar bien y colar en un vaso lleno de hielo. Cubra con agua mineral con gas y adorne con una cereza.

91. Selva Negra Agria

2 onzas de bourbon
1 onza de licor de cereza
3/4 oz de jugo de limón
1/2 oz de jarabe simple
Clara de huevo

Agregue bourbon, licor de cereza, jugo de limón, jarabe simple y clara de huevo en una coctelera llena de hielo. Agitar bien y colar en un vaso lleno de hielo. Decorar con una cereza.

92. Golpe de la selva negra

2 onzas de bourbon
1 onza de licor de cereza
1/2 oz de jugo de limón
1/2 oz de jarabe simple
Hojas de menta
Cereza
Triture las hojas de menta y la cereza en el fondo de una coctelera. Agregue bourbon, licor de cereza, jugo de limón y jarabe simple. Agitar bien y colar en un vaso lleno de hielo. Adorne con una ramita de menta y una cereza.

93. Cosmos de la Selva Negra

2 onzas de vodka
1 onza de licor de cereza
1 onza de jugo de arándano
1/2 onza
Torcedura de lima
Agregue vodka, licor de cereza, jugo de arándano y jugo de lima a una coctelera llena de hielo. Agitar bien y colar en un vaso. Decorar con un twist de lima.

94. Mula de la Selva Negra

2 onzas de vodka
1 onza de licor de cereza
1/2 onza de jugo de lima
Cerveza de jengibre
Rodaja de limón ♥

Agrega el vodka, el licor de cereza y el jugo de lima a una coctelera llena de hielo. Agitar bien y colar en un vaso lleno de hielo. Cubrir con cerveza de jengibre y decorar con una rodaja de lima.

95. Ponche de la selva negra

2 tazas de jugo de cereza negra
1 taza de vodka
1/2 taza de licor de cereza
1/4 taza de jugo de limón
1/4 taza de jarabe simple
Rodajas de naranja y cereza

En una jarra grande, combine el jugo de cereza negra, el vodka, el licor de cereza, el jugo de limón y el jarabe simple. Revuelva bien. Refrigere por lo menos 2 horas o toda la noche. Sirve sobre hielo y decora con rodajas de naranja y cereza.

96. Volteo de la selva negra

2 onzas de brandy
1 onza de licor de cereza
1/2 oz de jarabe simple
1 huevo
Nuez moscada

Agregue el brandy, el licor de cereza, el jarabe simple y el huevo a una coctelera llena de hielo. Agitar bien y colar en un vaso. Decorar con nuez moscada.

97. Daiquirí de la Selva Negra

2 onzas de ron
1 onza de licor de cereza
1 onza de jugo de lima
1/2 oz de jarabe simple
Rodaja de limón ♥

Agregue el ron, el licor de cereza, el jugo de lima y el jarabe simple a una coctelera llena de hielo. Agitar bien y colar en un vaso lleno de hielo. Adorne con una rodaja de lima.

98. Sidecar de la Selva Negra

2 onzas de brandy
1 onza de licor de cereza
1 onza de jugo de limón
Azúcar
Giro de limón
Borde un vaso con azúcar. Agregue brandy, licor de cereza y jugo de limón a una coctelera llena de hielo. Agitar bien y colar en el vaso preparado. Decorar con un twist de limón.

99. Destornillador Selva Negra

2 onzas de vodka
1 onza de licor de cereza
zumo de naranja
Gajo de naranja
Agregue vodka y licor de cereza a un vaso lleno de hielo. Cubre con jugo de naranja y decora con una rodaja de naranja.

100. cóctel sin alcohol de la selva negra

Ingredientes:
- 1/2 taza de jugo de cereza
- 1/4 taza de jarabe de chocolate
- 1/4 taza de crema espesa
- 1/4 taza de refresco de club
- Crema batida, para decorar
- Cerezas al marrasquino, para decorar

Instrucciones:

a) En una coctelera, combine el jugo de cereza, el jarabe de chocolate y la crema espesa.
b) Agregue hielo a la coctelera y agite hasta que esté bien combinado.
c) Colar la mezcla en un vaso lleno de hielo.
d) Cubra con agua mineral con gas.
e) Adorne con crema batida y una cereza marrasquino.
f) ¡Sirve y disfruta de tu delicioso cóctel sin alcohol de la Selva Negra!

CONCLUSIÓN

Hay algunas razones por las que a muchas personas les encantan las recetas de la Selva Negra:

Rico sabor a chocolate: Las recetas de la Selva Negra a menudo incluyen chocolate como ingrediente principal, que es amado por muchas personas por su rico y satisfactorio sabor.

Sabor a cereza dulce y agrio: La combinación de cerezas dulces y licor de cerezas ácidas agrega un perfil de sabor único y delicioso a las recetas de la Selva Negra.

Textura cremosa: Muchas recetas de la Selva Negra están rellenas de crema batida, lo que les da una textura suave y cremosa que muchas personas disfrutan.

Llamamiento nostálgico: Para algunas personas, las recetas de la Selva Negra pueden evocar recuerdos nostálgicos de reuniones familiares, ocasiones especiales o viajes a Alemania.

En general, la combinación de rico chocolate, cerezas dulces y ácidas y texturas cremosas hacen que las recetas de Black Forest sean un placer popular e indulgente para muchas personas.

Esperamos que este libro de cocina lo haya inspirado a explorar los ricos sabores y los ingredientes únicos de la Selva Negra, y a disfrutar de los deliciosos postres por los que la región es conocida. Con 100 deliciosas recetas para elegir, nunca se quedará sin formas de satisfacer su gusto por lo dulce.

Desde simples golosinas de chocolate hasta pasteles y pasteles complejos, las recetas de este libro de cocina están diseñadas para ser accesibles y fáciles de seguir, para que pueda recrear los sabores de la Selva Negra en su propia cocina. ¡Así que tome una copia de este libro de cocina y prepárese para disfrutar de los dulces y ricos sabores de la Selva Negra!

www.ingramcontent.com/pod-product-compliance
Lightning Source LLC
Chambersburg PA
CBHW070349120526
44590CB00014B/1068